¿CÓMO PIENSA MI HIJO?

¿CÓMO PIENSA MI HIJO?

PSICOLOGÍA INFANTIL PRÁCTICA

TANITH CAREY

PSICÓLOGA CLÍNICA
DRA. ANGHARAD RUDKIN

Edición sénior	Nikki Sims
Edición de arte sénior	Emma Forge
Diseño	Tom Forge
Edición	Alice Horne
Ilustración	Mikyung Lee
Producción, preproducción	Heather Blagden
Producción sénior	Luca Bazzoli
Diseño de cubierta	Nicola Powling
Coordinación de cubierta	Lucy Philpott
Asistencia creativa técnica	Tom Morse
Responsable editorial	Dawn Henderson
Dirección de arte sénior	Marianne Markham
Dirección de arte	Maxine Pedliham
Dirección editorial	Mary-Clare Jerram
Dirección de proyectos creativos de ventas especiales	Alison Donovan

De la edición española

Coordinación editorial	Elsa Vicente Cristina Gómez de las Cortinas
Asistencia editorial y producción	Malwina Zagawa

Las opiniones expresadas en este libro corresponden al autor.
En caso de plantearse cualquier inquietud relativa al comportamiento,
la salud o el bienestar del niño, se recomienda buscar consejo profesional.
Ni el autor ni el editor serán responsables de cualquier pérdida o daño que supuestamente
pudiera resultar de cualquier información o sugerencia recogida en este libro.

Publicado originalmente en Gran Bretaña en 2019 por Dorling Kindersley Limited
DK, One Embassy Gardens, 8 Viaduct Gardens, London, SW11 7BW

Copyright del texto © 2019, Tanith Carey

Copyright de las ilustraciones © 2019, Mikyung Lee

Copyright © 2019, Dorling Kindersley Limited
Parte de Penguin Random House

Título original: *What's My Child Thinking?*
Primera reimpresión, 2021
© Traducción en español 2020 Dorling Kindersley Limited

Servicios editoriales: Moonbook
Traducción: Isabel López López

ISBN 978-1-4654-8284-6

Impreso y encuadernado en China
Todas las imágenes © Dorling Kindersley Limited

Para más información: www.dkimages.com

Para mentes curiosas
www.dkespañol.com

Contenidos

1 | ¿QUÉ QUIERES PARA TU HIJO?

2 | TU HIJO DE 2 A 3 AÑOS

3 | TU HIJO DE 4 A 5 AÑOS

4 TU HIJO DE 6 A 7 AÑOS

Introducción

¿Cómo piensa mi hijo? plantea una nueva forma de ver el mundo desde el punto de vista del niño, sin dejar de tener en cuenta el de los padres. Su propósito es ayudar a interpretar el comportamiento del niño con rapidez y exactitud.

En el largo camino de la educación de los hijos siempre habrá momentos álgidos. La intención de este libro es condensar la información más relevante sobre psicología infantil, neurociencia y casos prácticos en secciones de fácil consulta, de tal modo que rápidamente se puede acceder a la información necesaria. Pero además de ese consejo inmediato, el libro también tiene en cuenta que algunas situaciones precisan soluciones de mayor recorrido. Por ello, cada caso va acompañado de trucos sobre qué hacer a largo plazo.

Conectar con cada etapa del desarrollo

El libro abarca la etapa infantil que va de los 2 a los 7 años. Son años formativos en que los niños comienzan a explorar el mundo, a dominar el lenguaje, a hacer amigos y a afirmar su independencia.

Para poder conectar con los pensamientos más profundos del niño sea cual sea su edad y acercarse lo más posible a etapas claves del desarrollo, los capítulos están divididos en tres grandes grupos de edad:

◉ **2–3 años,**

◉ **4–5 años,**

◉ **6–7 años.**

Del mismo modo que veías cómo tu bebé aprendía primero a sentarse, después a ponerse de pie y por último a andar, las etapas de desarrollo del cerebro tienden a desarrollarse en el mismo orden. Dicho

esto, cada niño es único; por tanto, si bien en líneas generales estos avances suelen darse consecutivamente, cada niño recorrerá estas etapas a su ritmo.

Una aproximación actual

Entre los 2 y los 7 años, el cerebro y el pensamiento de los niños y las niñas se desarrolla de un modo casi idéntico. Por tanto, aunque hemos alternado el uso de «él» y «ella» a lo largo del libro, son intercambiables. Dado que los roles de género se han vuelto más flexibles y el cuidado de los hijos ya no se considera competencia prioritaria de las madres, cada situación tendrá validez tanto para el padre como para la madre. Aunque el libro habla de madres y padres, su intención es ser útil a cualquiera que desee comprender mejor a los niños, ya sea un abuelo, un maestro o un cuidador.

Sacar partido a la psicología

El formato del libro, con más de 100 situaciones cotidianas, permite acceder rápidamente a las explicaciones que aclaran lo que tu hijo está diciendo y pensando, al tiempo que empatiza con la situación y los sentimientos de los padres.

No son los niños los únicos que bombardean a sus padres día tras día con un raudal de preguntas. A menudo también los padres necesitan respuestas a un sinfín de cuestiones: ¿Debería ceder al llanto?

‹‹ ››

PARA UN NIÑO SUS PADRES SON TODO SU MUNDO. LA FORMA EN QUE LOS PADRES TRATAN A SUS HIJOS TIENE UNA INCIDENCIA DIRECTA EN CÓMO SE SIENTEN CONSIGO MISMOS.

¿Es malo que mire tanto la tablet? ¿Por qué no hace lo que se le dice? Este libro da respuesta a estas y otras muchas preguntas.

La estructura de las situaciones permite dar rápidamente con la información que se busca para resolver cualquier caso que pueda plantearse. Si se sabe aplicar la mejor solución a cada situación, se amplía la comprensión del niño en cada etapa de desarrollo y ello redunda en una renovada confianza por parte de los padres.

A veces existen causas ligeramente diferentes para ciertos comportamientos infantiles, como es el caso de las rabietas o de las peleas entre hermanos, y puede haber distintas formas de afrontarlos. Para ello, una serie de diagramas inciden en estas diferencias y proponen varias posibles respuestas.

El libro presenta una serie de situaciones prácticas relativas a los principales problemas de los padres —como las comidas fuera de casa, las dificultades para dormir y los viajes en coche— en una guía de fácil consulta con consejos para cada franja de edad.

Una mejor relación entre padres e hijos

Al ayudarte a interpretar el comportamiento de tu hijo, confiamos en que seas capaz de manejar mejor esos momentos de duda a los que todo padre y madre se enfrenta y, en consecuencia, puedas crear una conexión más profunda con tu hijo, ahora y en los próximos años.

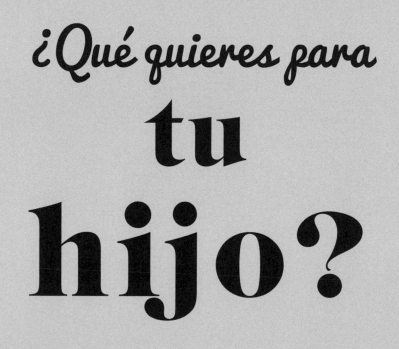

CAPÍTULO 1

¿Qué quieres para tu hijo?

Tu propia experiencia en la infancia

Cada persona accede a la educación de los hijos desde un lugar único, pues el punto de partida es su propia infancia. Puedes repetir el modelo que recibiste si crees que contigo funcionó o puedes tratar de dar a tu hijo el tipo de educación que habrías deseado recibir.

Para ayudarte a comprender cuál es tu estilo de educación, responde a las siguientes preguntas para describir tu infancia; la persona con quien compartes la educación deberá hacer lo mismo. Hablad o escribid sobre ello y después revisad las respuestas juntos. No os extrañe si esto saca a relucir sentimientos profundos. A partir de ahí analizad vuestras fortalezas y debilidades, y buscad la mejor manera de trabajar en equipo por el bien de vuestro hijo.

P | Cuando mis padres tenían un conflicto:

- se peleaban delante de mí,
- no discutían nunca delante de mí,
- recurrían a los malos modos cuando se enfadaban,
- alguna vez discutían delante de mí.

P | Con respecto a la disciplina, mis padres eran:

- estrictos y disciplinados,
- relajados e informales,
- había un equilibrio entre amor y límites.

P | Con respecto a las tareas escolares, mis padres:

- no intervenían,
- aceptaban mis resultados,
- me presionaban para que sacara buenas notas.

P | La hora de irme a la cama era:

- rígida,
- flexible.

P | Como niño, sentía que:

- mis padres tenían favoritismos,
- a mis hermanos y a mí se nos trataba igual.

P | Con respecto a las vacaciones:

- las vacaciones familiares eran importantes,
- no solíamos pasar tiempo juntos en familia.

P | A la hora de expresar sentimientos:

- ◉ podía expresar mis emociones negativas,
- ◉ me animaban a expresar solo las positivas,
- ◉ mis padres no escuchaban cómo me sentía.

P | Con respecto a las posesiones materiales:

- ◉ tenía lo que quería,
- ◉ tenía solo lo que necesitaba,
- ◉ sentía que me faltaban cosas.

P | Con respecto al afecto físico:

- ◉ me abrazaban mucho,
- ◉ me abrazaban cuando lo necesitaba,
- ◉ mis padres no daban muchos abrazos.

Un enfoque cooperativo

A todo esto hay que añadir que no son nuestros deseos lo único que cuenta. Si educas a tu familia en pareja, hay que contar con que el otro miembro de la misma tendrá una experiencia distinta y aportará su propio punto de vista. Si compartes la educación con otra persona —ya sea tu pareja, tu expareja u otro miembro de la familia— puede que no te des cuenta de lo diferentes que son vuestros puntos de vista hasta que habléis de ello.

Comprender la perspectiva de cada uno en cuanto a convicciones y expectativas relativas a la educación de los hijos no solo reducirá la culpa y los malentendidos, sino que también os ayudará a poneros de acuerdo en los límites que queréis poner al niño.

La educación monoparental

Si educas solo a tu hijo, estarás en condiciones de decidir cómo quieres hacerlo. No obstante, habla de vez en cuando con un amigo de confianza o con otro miembro de la familia para que te ayude a enfrentarte con perspectiva a los problemas que surjan.

¿Cuáles son tus valores?

Educar a los hijos es la tarea más estimulante y gratificante que puedas tener, aunque es más fácil cuando eres consciente de tus pensamientos, actitudes y opiniones. Descubre cuáles son para ti los valores más importantes y eso te guiará en la educación de tus hijos.

Ser padres es también un viaje de descubrimiento. Todos partimos con las mejores intenciones, decididos a crear un hogar lleno de armonía familiar. A lo largo del camino, necesitarás paciencia, amabilidad, comprensión, entre otras cualidades positivas que puedas encontrar. Lo fácil o difícil que resulte dar con estas cualidades depende de tus retos personales, los altibajos de la vida y las tensiones que surjan. Para permanecer firmemente anclado y que las arenas movedizas de la vida diaria no te ahoguen es útil que identifiques y refuerces tus valores.

Tus objetivos como padre

Los valores son aquello en lo que te apoyas, las cualidades por las que te gustaría ser recordado. Fijar estos valores en tu mente y tenerlos presentes te ayudará a seguir siendo la clase de padre que quieres ser. Es como la descripción de tu puesto de trabajo o tu lista de objetivos como padre.

Este examen de tus valores debes hacerlo con la persona con la que compartes la educación, pues las divergencias entre los padres pueden causar confusión en los niños. Trabajar en equipo también ayudará al niño a comprender qué se espera de él y le hará sentirse más seguro.

¿QUÉ ES LO QUE MÁS TE IMPORTA?

En la página siguiente hay un conjunto de cualidades, pero puedes añadir otras que se te ocurran. Estos valores pueden servirte de base para contestar las preguntas que hay bajo estas líneas. Si compartes la educación con otra persona, comparad vuestras respuestas. Comprender las motivaciones del otro puede arrojar luz sobre cuál es el origen de esas diferencias y cómo coincidir en un punto medio.

P **Para cada una de estas preguntas elige los cinco valores que son más importantes para ti:**

- ¿Qué es importante para ti como padre?
- ¿Qué tipo de padre aspiras a ser?
- ¿Qué clase de relación querrías construir con tu hijo?
- ¿Cómo te comportarías si fueras el «tú ideal»?
- ¿Cómo te gustaría que la gente describiera a tu hijo?
- ¿Cómo te gustaría que tu hijo te describiera en un futuro?

Poner a tu hija en el centro

Los niños pequeños aún no conocen el vocabulario ni tienen la experiencia para explicar sus emociones, así que muestran con su comportamiento cómo se sienten. Educar a tu hija y relacionarte con ella sin olvidar esta idea favorecerá su bienestar emocional.

Una educación centrada en los niños implica sintonizar con sus pensamientos y reconocer que se encuentran en una etapa de desarrollo formativa. Es intentar escuchar lo que realmente están intentando decir cuando actúan de un modo que los mayores consideran inoportuno, en vez de colocarles la etiqueta de «malos» o «difíciles». Por ejemplo, si crees que tu hija se está portando mal, puede que pienses en cómo castigarla. Si piensas, en cambio, que está luchando con sentimientos difíciles, tu primera reacción será buscar la forma de ayudarla a afrontar esas emociones.

Pero centrar la educación en los niños no es dejar que tu hija «se salga con la suya», sino recordar que, mientras tú eres un adulto ya formado, ella aún se está desarrollando, y sus experiencias actuales conformarán la mujer adulta en la que se convertirá.

¿Por qué es tan importante la empatía?

Gracias a la neurociencia y los escáneres cerebrales, hoy en día sabemos que una educación atenta y empática influye en el desarrollo del cerebro emocional de los niños.

◉ **Mayor capacidad de enfrentarse a la vida**
A los niños que se crían con empatía les va mejor en el colegio y manejan mejor la tensión cuando se enfadan. Ello es debido a que, cuando sintonizas con los sentimientos de tu hija y la ayudas a ponerles nombre, contribuyes a construir las vías neuronales que le permiten regular mejor sus emociones.

◉ **Un temperamento más sereno** Cuando consuelas a tu hija, también la ayudas a tranquilizarse y a regular su sistema nervioso autónomo. Pero si desencadenas la respuesta del sistema de alarma de la niña gritándole, creyendo que así conseguirás que sea «buena» o «tranquila», puede que esto refuerce su primitivo sistema de lucha o huida y la vuelva más sensible a las amenazas y propensa a las rabietas.

Está claro que no siempre será posible conocer las necesidades de tu hija en todo momento, pero si tratas de relacionarte con ella de un modo afectuoso y empático a lo largo de la infancia, es probable que acabe por convertirse en una mujer adulta afectuosa y empática.

Apuntes para una buena educación

Unas cuantas directrices básicas pueden ayudarte a actuar en cada situación:

◉ **Sé un buen ejemplo** Los niños lo aprenden casi todo observando e imitando a sus padres. Es lo que más influye en la persona en que se convertirán. Actúa de la manera que te gustaría que tu hija imitara.

« »

POR NORMA GENERAL, TE AYUDARÁ RECORDAR QUE LO QUE LOS NIÑOS DESEAN POR ENCIMA DE TODO ES SENTIRSE COMPRENDIDOS POR LOS ADULTOS QUE CUIDAN DE ELLOS.

◉ **Espera a que se tranquilice** Cuando los niños pequeños están asustados, frustrados o enfadados, se dispara la parte primaria de su cerebro, la amígdala, que está programada para responder a la amenaza. Esto, a su vez, hace que su cuerpo y su cerebro se inunden de hormonas del estrés. En esos momentos tu hija no escuchará lo que tienes que decirle. Tu primera tarea consistirá en calmar su respuesta al estrés en lugar de incrementarla con un exceso de disciplina o con gritos.

◉ **Tranquilízate tú también** Cuando te disgusta el comportamiento de tu hija, pierdes también la capacidad de decidir racionalmente cómo actuar. Si sientes que vas a tener una reacción de lucha y huida, para un momento, toma distancia y recupera el control antes de dar el siguiente paso.

◉ **Admite las emociones negativas de tu hija al igual que las positivas** Cuando escuchas a tu hija expresar sentimientos desagradables, como odio o tristeza, es posible que prefieras no hablar de ello o le digas que no debe sentirse así. Prepárate para asumir esos sentimientos en vez de ignorarlos, para que tu hija pueda procesarlos y enfrentarse a ellos.

Un padre «suficientemente bueno»

Algunos padres sienten la presión de ser «perfectos». Y en un mundo competitivo, es más fácil que nunca sentirse juzgado y comparado. Sin embargo, aunque pueda resultar contradictorio, una de las mejores maneras de ser un buen padre es tratar de no destacar.

Esta idea, la de intentar no ser perfecto, es la base de la educación «suficientemente buena» —concepto empleado por primera vez en la década de 1950 por el pediatra y psicoanalista inglés Donald Winnicott—, que desde entonces ha logrado un amplio apoyo entre los expertos en desarrollo infantil. Describe cómo es más razonable aspirar a satisfacer suficientes necesidades emocionales y físicas del niño para que pueda llegar a convertirse en un adulto sano y equilibrado.

Hoy en día tendemos a pensar que debemos destacar en todo, por lo que «suficientemente bueno» puede sonarnos mediocre o corriente. Sin embargo, no es así en el caso de la educación, donde ser «suficientemente bueno» es un enfoque emocionalmente saludable a una exigente tarea.

La educación «suficientemente buena» reconoce que todos tenemos días buenos y malos y que es mejor perdonarnos los errores que cometemos que obsesionarnos con ellos. Tratar de ser siempre perfecto no ayuda, porque es un ideal inalcanzable y crea estrés y ansiedad. Además, tal pretensión daña el vínculo padre-hijo. Winnicott creía que cuando los padres no alcanzan su objetivo se vuelven autocríticos y pierden confianza en sí mismos, cuando lo que más necesita un niño es un cuidador feliz, relajado y cariñoso. Ese afán de perfección tampoco es un buen ejemplo para los niños, que pueden crecer con una visión irreal de cómo es la vida y adoptar tendencias perfeccionistas. Winnicott argumentaba que, si los padres tratan de satisfacer siempre cada necesidad del niño, este no sabrá qué hacer cuando se sienta aburrido, triste o frustrado.

Desarrollar la confianza

A veces puede parecer que la educación de los hijos es un camino en el que, justo cuando estás empezando a comprender una etapa del desarrollo del niño, las cosas cambian y tienes que correr para no quedarte atrás. Pero el conocimiento que tienes de tus hijos —carácter, habilidades y deseos— no deja de ampliarse, y eso te ayuda a tomar decisiones en todo tipo de situaciones. Con la práctica viene la confianza.

VER TEMAS RELACIONADOS
¿Cuáles son tus valores?: pp. 14-15
Poner a tu hija en el centro: pp. 16-17

« »

PARA UN NIÑO NO HAY MAYOR SEGURIDAD QUE SENTIRSE UNIDO A SUS PADRES.

El tiempo en el que «solo» estás con tus hijos es algo «valioso»; por tanto, hazle un hueco todos los días. En esos momentos, elimina cualquier otra distracción para que podáis disfrutar de la mutua compañía y del momento.

El éxito de la educación depende de la comunicación abierta y honesta entre los miembros de tu equipo parental. Hablad de esos problemas que pueden llegar a convertirse en resentimientos, como el reparto de las tareas de cuidado del niño, y haced lo posible por mantener los niveles de estrés bajo control.

Distruta del viaje

Además de proporcionar a tu hija un amor incondicional y sin límites, aprender a interpretar su comportamiento y reaccionar pensando en ella promoverá una vida familiar más tranquila y feliz.

El aprendizaje

Al principio, el cerebro de tu hija es un un amasijo desordenado de células en espera de conexión. Con el paso del tiempo, se conectan millones de neuronas y los enlaces entre ellas se refuerzan por repetición, prueba y error, imitación y resolución de problemas.

Acompaña a tu hija en su camino de aprendizaje para descubrir cómo va adquiriendo valiosas habilidades en estas áreas mientras crece y se desarrolla su cerebro.

El aprendizaje del pensamiento

Tu hija descubre el mundo que la rodea a través de los sentidos. Cuando se mete en la boca por primera vez un bloque de madera, distintas partes de su cerebro registran su sabor, su tacto y su peso. Más tarde, cuando construye una torre con ese bloque, descubre la relación causa-efecto, así como la gravedad, cuando se le cae varias veces. Cada vez que esto ocurre las neuronas se activan: forman conexiones sinápticas entre sus células cerebrales y engrosan el pensamiento superior de su corteza cerebral.

Al principio, no sabía que el cubo de colores que tanto le gustaba tenía un nombre, porque para ella tus palabras carecían de sentido. Con el tiempo empezó a reconocer las sílabas que más veces decías cuando se lo dabas y descubrió que se llamaba «bloque». Conforme fue creciendo su vocabulario, empezó a ser capaz de encender el interruptor del lado izquierdo del cerebro para organizar sus pensamientos. Esto también le permitió construir frases más largas y así pudo empezar a hacer preguntas y a comprender tus explicaciones acerca de lo que sucedía a su alrededor.

Al emplear oraciones más complejas, pudo empezar a contarse a sí misma «historias» de sus experiencias vitales: el inicio de la formación de la memoria. Asentada esta habilidad, pudo retener la información y servirse de ella para construir su conocimiento del mundo.

❮❮ ❯❯

LOS CAMBIOS EN EL CEREBRO DE TU HIJA DURANTE LOS SIETE PRIMEROS AÑOS SE SUMAN A UN CONOCIMIENTO DEL MUNDO QUE DURARÁ DE POR VIDA.

El aprendizaje de las relaciones

Tu hija llegó al mundo con la prioridad de ver satisfechas sus necesidades. Al no conocer nada más, creía que todo giraba a su alrededor. Los circuitos para controlar sus emociones ya estaban fijados antes de nacer. Sin embargo, con el tiempo, las interacciones de «servir y devolver» los fueron fortaleciendo: si, al entrar en su habitación, reaccionaste con sonrisas y mimos a sus gritos de alegría, los circuitos cerebrales de estas emociones se vieron reforzados.

Al observarte de cerca y oírte hablar de tus sentimientos, fue descubriendo poco a poco que también tú tienes emociones. Cuando tú querías que se fuera a la cama y ella no, descubrió que sus impulsos no son los únicos que cuentan. Esta comprensión, conocida como «teoría de la mente», le permitió descubrir otros puntos de vista y hacer sus primeros amigos.

El aprendizaje de los sentimientos

Cuando tu hija era un bebé, experimentaba una única emoción cada vez, originada en la parte primaria del cerebro. Dado que no tenía filtro ni un razonamiento más elevado, era como si «se convirtiera» en esa emoción. Pronto empezó a comprender que ciertas actividades la hacían feliz; los centros de recompensa del cerebro liberaban hormonas de la felicidad: dopamina, oxitocina y serotonina. Pero también se daba cuenta de que las cosas que no quería le hacían sentirse mal; una reacción a las hormonas del estrés: adrenalina y cortisol.

Cuando pusiste nombre a sus sentimientos y hablaste de los tuyos, aprendió que había palabras para describir cómo se sentía. Al desarrollarse el lado izquierdo de su corteza cerebral y acceder al lenguaje, descubrió que podía poner nombre a sus necesidades. Cuanto más le hablabas, mejor expresaba sus sentimientos.

El cerebro de tu hijo

Algunos científicos han comparado el desarrollo del cerebro del niño con una casa en construcción. Utiliza esta analogía para descubrir cómo este sorprendente órgano contribuye a moldear a tu hijo.

Al nacer tu hijo, su cerebro ya cuenta con su propia estructura básica externa —las paredes y las puertas— junto con los materiales en bruto que necesita para convertirse en algo impresionante: más de 200.000 millones de células cerebrales. Pero hay que crear muchas conexiones para que todo funcione bien.

La construcción de un cerebro desde los cimientos

Cuando nació, el cerebro de tu hijo ya contaba con una base. Esta parte rudimentaria —necesaria para la supervivencia básica y los sistemas vitales— es también el origen de nuestras emociones básicas, como la ira y el miedo. Entre estas estructuras básicas, conocidas como sistema límbico, se encuentra la amígdala, un conjunto de neuronas en forma de almendra que perciben el peligro, desencadenan la reacción de lucha y huida y desempeñan un papel clave en el procesamiento de las emociones.

Al ir creciendo tu hijo, van construyéndose también los pisos superiores de su cerebro. Este nivel,

donde tendrá lugar el «pensamiento superior», más sofisticado, es la corteza cerebral; es la capa externa del cerebro y la última en desarrollarse. La corteza cerebral engloba estructuras tales como los lóbulos frontales, responsables de buena parte de nuestra inteligencia, el pensamiento racional, la toma de decisiones y la planificación.

Los primeros años, sobre todo antes de los 7, este piso superior está en obras. Con el tiempo, a través de las experiencias e interacciones del niño, estas capas inferior y superior se conectan y empiezan a cooperar, como si hubiera una escalera entre ellas. Esto supone que tu hijo va adquiriendo un mayor control de las emociones e impulsos básicos —que vienen de la capa inferior— y aprende a calmarlos.

Por qué deben conectarse la parte izquierda y la derecha

A lo largo de la infancia, tiene lugar otra obra importante. Como una casa con dos fachadas, el cerebro superior de tu hijo tiene un lado izquierdo y otro derecho. Estos dos hemisferios trabajan de

EN CIERTOS MOMENTOS DEL DESARROLLO DEL CEREBRO, SE AÑADEN 250.000 NEURONAS POR MINUTO.

« »
EN LOS PRIMEROS AÑOS DE VIDA, SE ESTABLECEN MÁS DE 1 MILLÓN DE CONEXIONES NEURONALES POR SEGUNDO, UN RITMO QUE NO SE VOLVERÁ A REPETIR.

manera muy distinta, pero intervienen en un sinfín de funciones.

Para la mayoría, el lado izquierdo es donde se da el pensamiento lógico, así como la organización del habla y los pensamientos. El lado derecho registra la emoción y reconoce los matices de la comunicación verbal y no verbal. Estas dos mitades están conectadas a traves de un pasillo: el cuerpo calloso.

El trabajo de construcción más intenso en este pasillo se da en torno a los 2 años de vida, si bien proseguirá hasta la adolescencia. Cuanto más ancho y grande sea este pasillo, más capaz será tu hijo de acceder libremente a uno y otro lado del cerebro, y así logrará gradualmente hacerse con el control de sus sentimientos.

Completar la «casa»
La «casa» de tu hijo estará por fin terminada al llegar a la edad adulta, aunque siempre habrá que hacer reformas. En los pisos, claro está, hay diferentes «habitaciones» con distintas funciones. Si te fijas en cómo empiezan a cooperar las distintas partes del cerebro del niño, descubrirás cómo comienza a controlar sus emociones y ganarás perspectiva.

tu hijo de 2 a 3 AÑOS

«¡Mío!»

A los 2 años, probablemente una de las palabras favoritas de tu hijo sea «mío». Sin embargo, eso no significa que nunca vaya a ser capaz de compartir. Sencillamente, en esta etapa temprana está centrado en sus propios deseos, y necesita que los adultos le enseñen esta habilidad.

SITUACIÓN | **Tu hijo se niega a compartir su dinosaurio favorito con el hijo de tu amigo que ha venido a jugar con él.**

ÉL DICE

«*¡Mío!*».

PUEDES PENSAR

«Mi amigo va a pensar que mi hijo es egoísta y un mal compañero de juegos».

En su entorno doméstico, tu hijo es especialmente territorial; quiere tener el control de sus cosas y su espacio. A esta edad los niños son también impulsivos. Por tanto, no piensa en qué va a suceder cuando le devuelvan su dinosaurio. Si le dicen que tiene que dejar su juguete a otro niño, cree que nunca se lo van a devolver.

Resulta incómodo ver a tu hijo agarrar bruscamente el juguete cuando su amiguito lo quiere también. Pero el hecho de querer retenerlo él no implica que lo estés educando mal. Puede que te avergüence, pero todo ese tira y afloja con el juguete es necesario para que aprenda a compartir.

COMPARTIR ANTICIPA HABILIDADES COMO LA CONVERSACIÓN, EL JUEGO, EL COMPROMISO, LA RESOLUCIÓN DE CONFLICTOS Y LA COMPRENSIÓN DE LOS SENTIMIENTOS DE LOS DEMÁS.

¿QUÉ PIENSA ÉL?

«Yo vivo aquí. Todo lo que hay aquí me pertenece».

En esta egocéntrica etapa, tu hijo está aprendiendo el concepto de propiedad. Por tanto, es muy pronto para esperar que comparta cuando acaba de descubrir lo que le pertenece. Aunque es bueno que aprenda esta habilidad, faltan aún uno o dos años más para que disfrute compartiendo.

CÓMO REACCIONAR

En ese momento...

No insistas No se puede obligar a compartir. Los estudios demuestran que es menos probable que los niños de esa edad aprendan a compartir si no se les da la oportunidad. Si le quitas el juguete como castigo, sentirá aún más la preocupación de que otros puedan quitarle sus cosas y se volverá todavía más posesivo. Propón que jueguen por turnos, pues esto suelen aceptarlo mejor los niños. Puedes cantar una cancioncilla mientras espera y devolverle el objeto cuando la canción se acabe.

Dile cómo se sienten los demás Tu hijo aprenderá mejor a compartir si le explicas cómo se siente el otro niño. Dile: «Juan está contento cuando le dejas jugar con el T-Rex», o «Se pone triste cuando se lo quitas».

③

Felicítale por compartir Cuando comparta algo contigo insiste en decirle lo bien que lo ha hecho. Así es más probable que lo repita la próxima vez.

A largo plazo...

Comparte tú también Una buena manera de enseñar a compartir es siendo un buen ejemplo. Cuando el niño esté mirando, pídele a tu pareja que te preste algo unos minutos y demuestra cómo das las gracias por habértelo dejado. Busca ocasiones para que esto ocurra, como compartir un trozo de tarta o jugar por turnos.

Protege sus objetos especiales Si otro niño viene a jugar, sugiere a tu hijo que guarde sus juguetes favoritos y dejo solo aquellos que no le importa que utilicen otros.

VER TEMAS RELACIONADOS

¡No, no y no!: pp. 30-31
Una para ti, otra para mí: pp. 68-69

«¡Yo sola!»

Tu hija está dejando de ser un bebé que necesita que se lo hagan todo para convertirse en una niña que quiere hacerlo todo sola. Este cambio hacia una mayor independencia es natural y no importa el lío que pueda causar ni el tiempo que pueda tardar.

SITUACIÓN | Tu hija insiste en servirse ella sola el zumo y el resultado es que lo pone todo perdido.

ELLA DICE

«¡Yo sola!».

PUEDES PENSAR

«Es demasiado pequeña. ¿Por qué no me deja que la ayude?».

Durante los primeros años de vida, tu hija ha dependido por completo de ti. Ahora está aprendiendo que es un individuo independiente de sus padres. Ya se siente preparada para afirmar un poco más su independencia y quiere probar a hacer cosas que hasta ahora han hecho los adultos.

Es natural sentir cierta tristeza al ver que ya no es un bebé, pero el orgullo de ver cómo tu hija afronta con éxito nuevos retos es motivo de alegría. Quizá te cueste no ayudarla, pero el esfuerzo que hagas por contenerte le permitirá practicar y le dará confianza.

PERMITIR A LOS NIÑOS QUE HAGAN COSAS SOLOS LES AYUDA A DESARROLLAR LAS HABILIDADES QUE NECESITAN PARA CONVERTIRSE EN PERSONAS INDEPENDIENTES.

¿QUÉ PIENSA ELLA?

«Aunque se me caiga todo, no voy a parar ni voy a pedir ayuda a un mayor».

Dominar una nueva tarea hace que tu hija se sienta hábil. Que lo derrame todo es irrelevante comparado con lo importante y orgullosa que se siente cuando te enseña lo que sabe hacer. ¡Aunque las primeras veces puede que se enfade si le sale mal!

CÓMO REACCIONAR

En ese momento...

1

No intervengas demasiado rápido Resiste la tentación de hacerlo tú para ganar tiempo. Si intervienes demasiado debilitarás la confianza de tu hija en que puede ser independiente.

2

Deja que lo intente Aunque su primer intento sea un desastre, deja que vuelva a intentarlo y así aprenderá a resolver el problema.

3

Evita las luchas de poder Si no corre el riesgo de hacerse daño, respeta la necesidad de tu hija de hacer las cosas por sí misma. Si dejas que afirme su independencia de forma correcta, estará más dispuesta a colaborar.

A largo plazo...

Aprecia su ayuda A esta edad los niños quieren ayudar. Por tanto, si tu hija quiere meter su plato en el lavavajillas o ayudar a llevar las bolsas de la compra, deja que lo haga y valora su esfuerzo.

Deja que dé pequeños pasos En su afán de hacer las cosas por sí solos, los niños abarcan mucho y aprietan poco. Ayúdala a asentar sus habilidades con pasos más pequeños. Por ejemplo, pon el zumo en una jarra de su tamaño para que lo vierta en su vaso, en vez de dejar que forcejee con un pesado tetrabrik. La próxima vez ofrécele tu ayuda para sujetar el vaso mientras vierte el zumo.

VER TEMAS RELACIONADOS
¡Papá, siéntate aquí!: pp. 38-39

«¡No, no y no!»

En torno a los 2 años, es probable que tu hijo empiece a tener rabietas. Aunque estos arrebatos pueden ser intensos y desagradables, son una parte más de su desarrollo. Tu hijo maneja esta situación lo mejor que sabe, pero tú debes saber qué hacer para ayudarlo.

SITUACIÓN | Tienes que salir de compras, pero tu hijo se niega a ir.

ÉL DICE

«¡No, no y no!».

Las rabietas suelen deberse a que el niño se siente agobiado (porque experimenta una gran tensión que no sabe gestionar) o frustrado (porque no le dejan hacer o conseguir lo que quiere). En cualquier caso, su cerebro superior no está suficientemente desarrollado para afrontar de otro modo estos sentimientos.

VER TEMAS RELACIONADOS
¡No me gusta el brócoli!: pp. 32-33
¡Lo quiero ahora!: pp. 54-55

PUEDES PENSAR

« ¿Por qué tiene que ponerlo tan difícil? No sé qué hacer».

¿QUÉ PIENSA ÉL?

«¡No quiero ir! Quiero quedarme aquí jugando».

La primera rabieta de tu hijo puede que te sorprenda o incluso que te asuste; y quizá sientas vergüenza si ocurre en público. Cuando veas que todos tus intentos se topan con su rechazo, te exasperarás. Pero estos arrebatos no son un desafío; sencillamente tu hijo aún no sabe expresarse.

Ya se trate de agobio o de frustración, su arrebato se debe al hecho de que no sabe expresar con palabras lo que siente. La rabieta es la única forma que conoce de responder a esta situación. Con el tiempo y tu ayuda, las rabietas pasarán.

CÓMO REACCIONAR

En ese momento...

La seguridad es lo primero Asegúrate de que tu hijo no se hace daño ni se lo hace a nadie. Quizá tengas que despejar la zona o sacarlo del lugar donde estéis.

②

Quédate cerca y mantén la calma No te alejes, pero no intentes hablarle ni que te mire a los ojos. Cuanto más tranquilo estés, más fácil será que se calme.

③

Facilita que se vaya calmando Cuando pase lo peor y tu hijo empiece a calmarse y a buscar tu consuelo, háblale con voz suave y acarícialo para que se tranquilice.

A largo plazo...

Mantén unos límites razonables La rabieta no debe convertirse en un modo eficaz de conseguir lo que quiere.

Fomenta la previsibilidad y cede el control Crear rutinas, darle a elegir entre dos opciones y avisarle del cambio a una nueva actividad puede evitar futuras rabietas.

«¡No me gusta el brócoli!»

Cuando le diste a probar alimentos sólidos a tu hija, es probable que los comiera casi todos sin problema. Sin embargo, en torno a los 2 años empieza a explorar su independencia recién adquirida siendo más exigente, y quizá rechace algunos alimentos.

SITUACIÓN | Tu hija está jugando con la comida en vez de comérsela.

ELLA DICE

«¡No me gusta el brócoli!».

Tu hija es desconfiada por naturaleza frente a los nuevos alimentos y, como su gusto es muy sensible, algunos no le resultarán agradables. Es el caso de ciertas verduras de sabor demasiado intenso para su paladar.

PUEDES PENSAR

«He tardado un siglo en preparar esta comida. No está comiendo lo que necesita. No la estoy alimentando bien».

Para los adultos la comida es una manera de demostrar amor, y puede que sientas su desdén como rechazo, sobre todo si has cocinado algo especial. Intenta no obsesionarte con lo que ha ocurrido a la hora de comer; tomará suficiente alimento a lo largo del día.

« »

AL APRENDER QUE A LA HORA DE COMER TAMBIÉN PUEDEN CHARLAR Y CONOCER COSAS NUEVAS, LOS NIÑOS COMIENZAN UNA BUENA RELACIÓN CON LA COMIDA.

¿QUÉ PIENSA ELLA?

«Me encanta ser la que manda a la hora de comer. Y es divertido ver cómo mamá limpia la comida que tiro».

Tu hija está en una fase muy sensorial y quiere explorar nuevas texturas —también alimentos— con las manos y comer sola, seleccionando lo que le gusta. Por eso, quizá prefiera aplastar la comida entre los dedos en vez de comérsela. A los niños les gusta jugar con la comida porque son pequeños científicos. Al tirar la comida descubren la ley de la gravedad.

CÓMO REACCIONAR

En ese momento...

 (1)

Ofrécele menos Un plato lleno hasta arriba puede resultar desalentador. Sírvele raciones pequeñas y ofrécele más cuando termine. Pídele que pruebe un poquito de cada cosa cuando se queje de que está llena. No insistas en que el plato debe quedar vacío. Si tu hija está jugando con la comida en vez de comer, retírale el plato. Falta poco para la siguiente comida.

 (2)

Come con ella Aunque vayas a comer más tarde, siéntate y come un poco de su comida. Le gustará más si ve que a ti también te agrada.

(3)

Mantén la calma No insistas en tu aprecio por la verdura. Esta fase pasará pronto si no la regañas ni te enfadas. Los estudios demuestran que los niños comen más verdura cuando los padres no hacen un drama de ello.

 (4)

Evita los sobornos Resiste la tentación de ofrecerle dulces como recompensa y no le quites las golosinas si no se come la verdura. Si lo haces, pensará que comer verdura es un castigo.

A largo plazo...

Inténtalo una y otra vez Hay estudios que demuestran que los niños deben probar 15 veces un alimento antes de aceptarlo. Ofrécele los nuevos alimentos junto con los que ya sabes que come.

VER TEMAS RELACIONADOS

¡No, no y no!: pp. 30-31
Solo uno más: pp. 48-49

Comer fuera

Comer fuera de casa supone una pausa en la rutina diaria de preparar la comida y limpiar la cocina. En los restaurantes y cafeterías los niños pueden practicar habilidades sociales y aprender a comportarse en distintas situaciones.

Puesto que cocinan otros, comer fuera de casa puede ser una buen ocasión para relajarse, crear vínculos familiares y charlar con el niño para que se sienta importante e implicado.

Implicarse

Salir a comer fuera te ahorra tiempo, pero también puede ser una experiencia estresante cuando los niños no quieren quedarse sentados y molestan a los demás.

Lo cierto es que para un niño pequeño supone un gran cambio pasar de comer en casa a tener que portarse bien y estarse quieto mucho rato seguido. Sigue estas pautas (a la derecha) para que comer fuera de casa en familia se convierta en una experiencia más fácil y relajada.

Piensa bien si tu hijo está preparado, y aprovecha este rato al margen de la rutina como una oportunidad para centrarte en el niño sin distracciones.

1

Busca locales adecuados para familias
Empieza por cafeterías bulliciosas donde no se notará el ruido que pueda hacer tu hijo, con camareros amables y relajados y que tengan menú infantil.

4

Despeja la mesa
Los niños pequeños sienten curiosidad por los objetos nuevos. Pídele al camarero que retire los sobres de azúcar, los vasos o los condimentos que el niño pudiese agarrar, tirar o derramar.

6

Elige bien el momento
Mientras el niño sea pequeño, trata de ir después de la hora de la siesta o evitando las horas punta, cuando haya menos clientes y los camareros tengan más tiempo.

9

Selecciona la mesa con cuidado
Pide una mesa tranquila en un rincón o un reservado, así no sentirás que llamas la atención si el niño se pone nervioso.

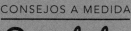

IDEAS PRÁCTICAS

10 pautas básicas

2

Explica las normas

Antes de ir, explícale que, igual que en casa, los niños deben estar bien sentados, imitar la forma de actuar de los mayores y hablar en voz baja.

3

Préstale atención

Juega y charla con tu hija en vez de ignorarla cuando está tranquila o creas que se puede aburrir. Juegos como el *Veo veo* pueden ser útiles para que comprenda lo que hay a su alrededor.

5

Pide un solo plato

Si tu hijo es nervioso y no se queda quieto en la trona más de 20 minutos, no esperes que aguante toda una comida en el restaurante. Empieza por pedir un solo plato.

7

Destaca su buen comportamiento

Felicita a tu hijo cuando se porte bien, ya sea porque no mastica con la boca abierta o porque se limpia con la servilleta; así, lo seguirá haciendo.

8

Deja a un lado el móvil

Aunque pueda servir para mantenerlo tranquilo, recurrir al móvil puede transmitirle el mensaje de que eso es lo que debe esperar para estar tranquilo. El niño empezará a asociar comer fuera con el móvil.

10

Dale ejemplo de buen comportamiento en la mesa

La mejor manera de enseñar a los niños un correcto comportamiento en la mesa es demostrárselo tú mismo y comer juntos siempre que sea posible. Ten paciencia; con el tiempo tu hijo aprenderá a portarse bien, y comer fuera de casa se convertirá en una ocasión de disfrute en familia.

2-3 AÑOS

Vamos a jugar
Ayuda al niño a comprender qué se hace y cómo hay que portarse en una cafetería, jugando en casa a los restaurantes.

Busca ayuda
Ve con otro adulto para que pueda salir a dar una vuelta con tu hijo si se pone rebelde. Después podréis terminar de comer o marcharos si casi habéis acabado.

4-5 AÑOS

Nuevos sabores
No dejes de pedir tus platos favoritos en el restaurante. Invita al niño a probar esos nuevos sabores de tu plato y haz de ello un motivo de diversión.

El manejo de los cubiertos
Algunos niños han desarrollado la coordinación para sujetar el cuchillo como un adulto. Dale la oportunidad de comer como un mayor.

6-7 AÑOS

Yo quiero...
Algunos niños de esta edad tienen ya confianza suficiente para hablar con adultos a los que no conocen. Si es así, déjale que pida su comida; es una buena forma de practicar habilidades sociales.

Normas de cortesía
Aprovecha para explicarle la importancia de decir «por favor» y «gracias» a los camareros.

«El vaso azul. No, el amarillo. No, el azul»

En esta etapa, tu hija está descubriendo que puede elegir y disfruta dando su opinión. Pero opinar cuando se le da a elegir es nuevo para ella. Suele ser impulsiva, y así también se va acostumbrando a la idea de que tiene que vivir con las decisiones que toma.

SITUACIÓN | Tu hija no es capaz de decidir qué vaso llevarse a un viaje en coche.

ELLA DICE

«El vaso azul. No, el amarillo. No, el azul».

Tu hija se siente como una niña mayor ahora que puede elegir por sí misma sus cosas. Pero a esta edad no sabe aún qué decisión será la más acertada. No se está portando mal, ni está siendo caprichosa; esta indecisión es parte de su desarrollo. Tiene que aprender que ninguna opción es mala.

PUEDES PENSAR

«Tarda un siglo. ¿Por qué no se decide? Será mejor que decida por ella».

Tomar decisiones es difícil, incluso cuando te haces mayor, así que te parecerá que está tardando mucho porque aún le falta práctica. Resiste la tentación de apresurar las cosas decidiendo por ella. Tu paciencia se verá recompensada al ver que cada vez le es más fácil decidirse.

VER TEMAS RELACIONADOS

¡El abrigo no!: pp. 40-41
¡Todavía no!: pp. 56-57

¿QUÉ PIENSA ELLA?

«No puedo decidir qué vaso me hará más feliz».

El tener tantas opciones –y sopesar los pros y los contras– en cuanto a comida, juguetes o vasos puede resultarle agobiante. Estas decisiones serán aún más difíciles cuando tu hija esté cansada o tensa. Si está preocupada –al empezar a ir a la guardería, por ejemplo– le costará aún más decidirse.

CÓMO REACCIONAR

En ese momento...

(1)

Enséñale vocabulario Emplea palabras de decisión, como «elegir» y «preferir», para que pueda expresar cómo se siente al tomar una decisión.

(2)

Pon las decisiones en su contexto A la hora de elegir no suele haber una respuesta buena y una mala. Aunque no consiga lo esperado, aprenderá de sus errores.

(3)

Elogia sus decisiones Cuando haya tomado una decisión difícil, reafirma su autoestima diciéndole que ha elegido bien.

A largo plazo...

Reduce las opciones Si tienen demasiadas, opciones los niños pueden sentirse abrumados. En vez de ofrecerles mucho donde elegir, a veces es preferible plantear solo dos opciones, sobre todo si tienes prisa.

Sirve de ejemplo Habla en voz alta sobre las decisiones que debes tomar a lo largo del día: si te pones unos vaqueros o un pantalón corto, o si para comer haces patatas asadas en vez de pasta. Háblale a tu hija de cómo sopesas los pros y los contras.

«¡Papá, siéntate aquí!»

Los niños viven en un mundo en que los mayores les están diciendo constantemente lo que deben hacer. Ahora que tu hijo es capaz de expresarse cada vez con mayor claridad, está pasando por una fase en la que él también da órdenes.

SITUACIÓN | **Tienes una comida familiar y tu hijo te indica dónde quiere que te sientes.**

ÉL DICE

«¡Papá, siéntate aquí!».

PUEDES PENSAR

«¿No se supone que decidimos los adultos?».

Tu hijo piensa que el mundo gira a su alrededor. Además, su desarrollo del lenguaje supone que ahora es capaz de formar oraciones de tres palabras, lo que le permite dar órdenes claras. Esto le da la oportunidad de comprobar si puede imponer su voluntad y si tú harás lo que él desea.

Puede parecerte divertido, o incluso tierno, que tu hijo esté empezando a hablar como un minidictador. Pero quizá después te preocupe pensar que, si te dejas dominar por él, pueda convertirse en un tirano. Tranquilo: esta firmeza es señal de su creciente confianza y sus habilidades lingüísticas.

CONSIDERA EL "AUTORITARISMO" DE TU HIJO COMO UN REFLEJO DE SUS CRECIENTES HABILIDADES LINGÜÍSTICAS Y SU NECESIDAD DE QUE SU MUNDO SEA PREVISIBLE.

CÓMO REACCIONAR

En ese momento...

Ten en cuenta su deseo Aunque la última decisión es tuya, préstale atención y ten en cuenta su petición para que sepa que lo escuchas. Si tienes que sentarte en otro sitio, dile: «Hablas ya tan bien que entiendo que quieres que me siente contigo, pero hoy voy a sentarme aquí con mamá para traer la comida».

(2)

Tómatelo a broma Añade un toque de humor a la situación. Repite con otras palabras la orden de tu hijo: «Así que, ¿quieres que hoy me siente ahí?»; después siéntate en el suelo. Hasta un niño pequeño apreciará lo absurdo de la situación, y ver el lado divertido contribuirá a distraer su atención.

A largo plazo...

No lo veas como una pelea Ten en cuenta que es solo una etapa. Las habilidades sociales y verbales de tu hijo aún se están desarrollando, así que todavía no ha aprendido a pedir las cosas con educación. Aún está descubriendo que los demás tienen pensamientos y sentimientos distintos de los suyos.

Enséñale a pedir con educación Contribuye a que «por favor» y «gracias» pasen a formar parte del vocabulario de tu hijo diciéndolo tú cada vez que pides algo.

Felicítalo por saber adaptarse Cuando tu hijo te dé órdenes y acepte que lo que él te pide no es la única opción posible, felicítalo por mostrarse comprensivo.

¿QUÉ PIENSA ÉL?

«Me gusta que las cosas no cambien. Así me siento seguro».

Como tu hijo empieza a comprender cuál es su lugar en el mundo, puede que este le parezca grande y aterrador. Lo previsible le da seguridad y buscará los mismos rituales en los momentos de transición, como las comidas, porque aún le supone un gran esfuerzo pasar de una actividad a otra.

VER TEMAS RELACIONADOS
¡No me gusta el brócoli!: pp. 32-33
No me gusta: pp. 50-51

«¡El abrigo no!»

Conforme los niños van desarrollando la habilidad de vestirse solos y siendo más independientes, se sienten más fuertes a la hora de decidir qué ponerse. Sin embargo, a veces es difícil saber cuándo debes dejar que tu hija decida y cuándo insistir en que haga lo que tú dices.

SITUACIÓN | **Vais a salir al parque y hace frío fuera, pero tu hija se niega a ponerse el abrigo.**

ELLA DICE

«¡El abrigo no!».

Con toda la parafernalia que rodea el mero hecho de ir al parque, cualquier otro obstáculo para salir de casa puede parecer un escollo más. Sin embargo, no debes ver la negativa de tu hija a ponerse el abrigo como una amenaza a tu autoridad, sino más bien como una etapa necesaria para que afirme su independencia.

PUEDES PENSAR

«Salir de casa ya es bastante complicado sin que se ponga cabezota. Y fuera hace mucho frío».

Quizá te inquiete la idea de que pueda resfriarse, o de que los demás te vean como un mal padre si no va abrigada como es debido a pesar de tus esfuerzos. Con todo, es útil saber que a veces los niños no sienten la temperatura como los adultos: la superficie de piel que deben mantener caliente es menor, tienen un metabolismo más rápido y son más activos, así que no te preocupes demasiado.

« »

PREVÉ ALGO MÁS DE TIEMPO A LA HORA DE SALIR DE CASA POR SI ACASO A TU HIJA LE DA POR PONERSE CABEZOTA.

CÓMO REACCIONAR

En ese momento...

1

Mantén la calma En vez de gritar, ponte a su altura y háblale con calma. Si te disgustas, se convertirá en una lucha de poder.

2

Admite sus sentimientos Dile: «Ya sé que hoy no te apetece. Si quieres te ayudo a decidir qué ponerte». Si la ayudas a decir lo que quiere, se tranquilizará. O dale a elegir entre dos abrigos y así dará su opinión.

3

Deja que aprenda de las consecuencias Si no corre peligro, considera la posibilidad de que descubra por sí misma cómo se siente cuando tiene frío. Lleva un abrigo, o quizá solo una bufanda y un gorro, para que no pierda calor en la cabeza y el cuello.

A largo plazo...

Deja que decida más tarde Si el frío es intenso, dile que no puedes dejar que vaya sin abrigo, porque necesita ir bien abrigada. Dale más libertad cuando no importe tanto, por ejemplo, que decida qué pijama ponerse. De este modo estableces límites y le permites que elija.

Busca ropa cómoda Si vas a comprarle a tu hija un abrigo nuevo, deja que se lo pruebe para ver si se siente cómoda. La ropa de segunda mano es una buena opción, pues al estar muy lavada es más suave y menos rígida. Corta las etiquetas que puedan molestar.

¿QUÉ PIENSA ELLA?

«¡No me gusta que me abriguen! Con este abrigo no me puedo mover».

Al igual que los adultos, los niños tienen sus prendas de ropa favoritas. Para ellos suele ser más cuestión de comodidad y libertad de movimientos. Algunos abrigos pueden agobiar a tu hija, y ciertos materiales pueden picar o provocar sensaciones desagradables en la sensible piel de los niños.

VER TEMAS RELACIONADOS
¡Yo sola!: pp. 28-29
¡No, no y no!: pp. 30-31

«¡Mami, no te vayas!»

El instinto básico de supervivencia de tu hijo significa que su prioridad es permanecer cerca de ti. Cuando te separas de él, la ruptura de este vínculo puede provocar ansiedad por la separación y resultar muy triste para ambos.

SITUACIÓN | La abuela ha venido a quedarse con tu hijo mientras vas al gimnasio, pero se aferra a ti cuando te vas.

ÉL DICE

«¡Mami, no te vayas!».

PUEDES PENSAR

«Va a ser solo una hora. Me siento culpable cuando me pide que no me vaya».

No hay nada igual al amor y el cuidado de los padres. Aunque a esta edad tu hijo sabe que sigues existiendo cuando te pierde de vista, protesta cuando te marchas porque eres la persona con la que se siente más seguro y querido.

Puede que te sientas culpable y pienses que deberías estar en casa y no en el gimnasio. Como los niños pequeños sintonizan a la perfección tus emociones, si te nota disgustada o preocupada el mensaje que recibe es: «Tengo motivos para preocuparme cuando te vas», y seguirá protestando.

SI TU HIJO SE ACOSTUMBRA A ESTAR CON OTRAS PERSONAS, APRENDERÁ A SENTIRSE A GUSTO SIN TI.

¿QUÉ PIENSA ÉL?

«*Cuando mamá se va, me siento inseguro. Quiero que esté siempre aquí*».

El modo de reaccionar de tu hijo dependerá de lo sensible que sea al cambio y de las experiencias tristes o alegres que haya tenido cuando le has dejado con otras personas anteriormente. Hasta ahora, ha estado casi siempre en casa con mamá o con papá. Por eso, el reto de estar sin ti hace que busque tu seguridad aún más.

VER TEMAS RELACIONADOS
No me gusta: pp. 50-51
Mamá no. Quiero a papá: pp. 60-61

CÓMO REACCIONAR

En ese momento...

Muestra confianza en el cuidador de tu hijo
El niño se fijará en ti; por tanto, muéstrate confiada, sonríe y entabla con la abuela y con él una conversación sobre los juegos a los que van a jugar y lo bien que se lo van a pasar juntos. (El mismo enfoque funcionaría en el caso de una guardería).

②

Emplea la distracción Actúa con rapidez para que se distraiga y deje a un lado sus sentimientos negativos. Despierta su curiosidad buscando los juguetes con los que va a jugar y los libros que quiere que la abuela le lea, por ejemplo.

Evita las despedidas largas Sonríe al niño y dale un abrazo. Dile que vas a volver cuando haya pasado un buen rato jugando. Un adiós confiado le proporcionará la tranquilidad de saber que estará bien sin ti.

A largo plazo...

Practica con separaciones cortas Ve ampliando cada vez más el tiempo que pasáis separados para que el niño aprenda a calmarse, a controlar sus sentimientos y se acostumbre a estar físicamente separado de ti. Ambos aprenderéis que podéis sobrevivir el uno sin el otro y, cuanto más practiquéis, menos ansiosos estaréis.

Haz que tu marcha sea previsible Despedirse será más fácil si tu marcha está planeada y es previsible. Dale a tu hijo un abrazo y un beso, dile lo que haréis juntos cuando regreses, como ir al parque, para darle algo tangible que esperar.

Golpes y mordiscos

Las agresiones entre niños, a veces tan alarmantes para los padres, son parte de su desarrollo. Es una fase que dejan atrás cuando aprenden las habilidades verbales y el autocontrol para resolver los conflictos sin violencia.

En torno a los 2 o 3 años, es posible que tu hija muerda para descargar su frustración, establecer su dominio, afrontar su sensación de agobio, proteger su territorio en la pelea por un juguete o porque se siente desplazada. Los golpes y los mordiscos –al igual que otras respuestas físicas como pellizcar o dar patadas– suelen deberse a que el pensamiento superior de tu hija se está desarrollando aún y no puede resistir el impulso primitivo de atacar. No obstante, dicho comportamiento puede ser motivo de ansiedad para los padres, que se sienten culpables de estas actitudes o preocupados porque en la guardería los consideren problemáticos, o no los reciban bien en las reuniones o fiestas infantiles.

Si comprendes lo que hay tras una agresión física y cómo debes reaccionar, ayudarás a tu hija a enfrentarse a sus sentimientos cuando tienda a agredir.

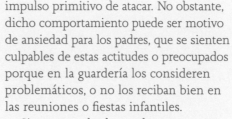

EL COMPORTAMIENTO AGRESIVO, COMO MORDER Y PEGAR, ES UNA FASE POR LA QUE PASAN MUCHOS NIÑOS SEGÚN APRENDEN AUTOCONTROL.

1

Ponte en su lugar

Imagina cómo reaccionarías si otro adulto te arrebatara una de tus posesiones más importantes y entenderás lo difícil que le resulta a una niña, que aún depende de sus instintos, no contraatacar cuando un niño le quita las suyas.

4

Pídele que utilice su cerebro lógico

Cuando pase el incidente, pídele a tu hija que te diga de qué otro modo habría podido actuar. Esto la ayudará a emplear los procesos del pensamiento racional y aumentará su control del comportamiento impulsivo.

7

Busca otros factores

Tu hija puede tener hambre, estar cansada, agobiada o nerviosa por un exceso de azúcar, pero aún no sabe expresar con palabras lo que le pasa. Dale un rutina coherente para tratar de evitar estos arrebatos.

IDEAS PRÁCTICAS

8 pautas básicas

2

Presta más atención a la víctima que al agresor

Interésate primero por el niño que ha recibido el golpe o el mordisco. Esta actitud enviará tu hija el mensaje de que no va a ser el centro de atención si agrede.

3

Intervén de inmediato

La reacción de lucha o huida de tu hija se activa en el momento en que agrede. Por eso, en vez de gritar y aumentar sus niveles de estrés, llévatela de allí, mírala a los ojos y di: «No, eso no está bien. Aunque estés enfadada, no debes pegar».

5

Dedícale atención positiva

Los niños quieren llamar la atención de sus padres. Si sienten que no se les hace caso, pueden recurrir a métodos extremos, y pegar es uno de ellos. Tu hija busca tu atención por encima de todo, aunque estés enfadado.

6

Destaca el comportamiento generoso

Adquiere la costumbre de destacar las veces que ha sido generosa y ha compartido y jugado bien con otros niños, y de ese modo sabrá que es así como quieres que se comporte.

8

Dale alternativas

Muéstrale otras formas de afrontar la situación. Sugiérele que, cuando note que se está enfadando, respire hondo, busque las palabras para decir lo que le molesta, recurra a un adulto o decida jugar con otro niño.

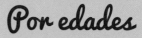

CONSEJOS A MEDIDA

Por edades

2-3
AÑOS

Nadie es adivino
Los niños pequeños no se dan cuenta de que deben decir a otros niños lo que les gusta y lo que no cuando juegan. Enséñales que está bien que expresen sus deseos.

Que se desfogue
Es más probable que los niños muerdan y peguen si no se han desfogado mediante una buena dosis de juego físico.

4-5
AÑOS

Un premio como solución
Si tu hija pega ahora que está con otros niños en el colegio, haz una tabla de estrellas y pon una cada vez que utilice las manos para ayudar en vez de para hacer daño.

Practica estrategias
Usa el juego de roles para que tu hija lo piense a fondo y practique estrategias para evitar la fuerza física.

6-7
AÑOS

Ayuda extra
Si tu hija no deja de pegar, obsérvala con otros niños para ver si necesita más ayuda para aprender a comportarse con los demás.

¿Juegan a pelearse?
Los chicos suelen ser más brutos cuando juegan, por lo que a veces los padres se preguntan cuándo deben intervenir. Pero si todas las partes están sonriendo, es probable que sea una pelea amistosa.

«¡Quiero el móvil!»

Los móviles fascinan a los niños con sus vistosas pantallas, así que es fácil comprender que quieras dejarle el tuyo a tu hijo cuando está irritable o aburrido. Pero para su desarrollo cognitivo y social es mejor limitar el tiempo que el niño pasa ante la pantalla desde una edad temprana.

SITUACIÓN | Mientras estáis en una cafetería esperando la comida, tu hijo te pregunta si puede jugar con tu móvil.

ÉL DICE

«*¡Quiero el móvil!*».

Estés o no estés con el móvil en este momento, tu hijo ha observado que los adultos suelen pasar mucho tiempo con ese dispositivo y quiere ser como tú. A los ojos de tu hijo, un móvil es el juguete de alta tecnología más moderno. Si le dejas jugar con él, pensará que es algo que necesita siempre para estar entretenido.

VER TEMAS RELACIONADOS
¡Lo quiero ahora!: pp. 54-55

PUEDES PENSAR

«*El móvil le tendrá entretenido hasta que traigan la comida. Si le digo que no, puede sufrir una rabieta*».

Es tentador dárselo al niño en vez de lidiar con un berrinche. También puede ser una oportunidad de lograr algo de tiempo para ti mismo, o puedes pensar que una aplicación educativa será buena para él. Pero cederle el teléfono le indica que estos dispositivos son más interesantes que las personas y que a ti te encanta dárselo como sustituto de tu tiempo y atención.

CÓMO REACCIONAR

En ese momento...

①

Mantén el móvil fuera de su vista Dale ejemplo de un buen uso del móvil y reduce al mínimo tu acceso a las redes sociales o tus conversaciones telefónicas cuando estés con tu hijo. Su cerebro aún está configurado para aprender más de las interacciones cara a cara.

②

Di no Déjale claro que tu móvil no está disponible. Aunque pueda parecer que hace milagros para tranquilizar a un niño rebelde, el camino correcto es establecer límites claros en el uso de los dispositivos electrónicos más pronto que tarde.

③

Disfruta el momento Tu hijo está viviendo un inmenso desarrollo cognitivo; por tanto, muéstrale que a su alrededor hay montones de cosas que ver y de las que hablar. En vez de dejarle que consuma él solo lo que los dispositivos electrónicos le ofrecen, hay otras formas de que practique sus habilidades lingüísticas y motoras, como hablar, jugar o pintar.

A largo plazo...

No dejes que tu móvil se convierta en su juguete
Si le das el móvil al niño para que se entretenga cuando está aburrido, no aprenderá a echar mano de sus propios recursos, como usar la imaginación o mostrar curiosidad por lo que le rodea.

No creas que el móvil hará a tu hijo más listo
No existen evidencias de que las aplicaciones móviles agudicen las habilidades cognitivas a esta edad, pero son muchos los estudios que muestran que una conexión e interacción insuficientes con los adultos a esta edad provoca retrasos sociales y lingüísticos en los niños.

¿QUÉ PIENSA ÉL?

«Es divertido jugar con el móvil de papá. Me gustan los dibujos».

Los vivos colores y gráficos que reaccionan al mover un solo dedo activan en el cerebro de tu hijo los circuitos de recompensa. Esta reacción inmediata implica que los niños, a la larga, preferirán jugar con el móvil que jugar e interactuar en el mundo real.

MIENTRAS EL CEREBRO DE TU HIJO AÚN SE ESTÉ DESARROLLANDO, DEJA QUE INTERACTÚE CON PERSONAS, NO CON PANTALLAS.

«Solo uno más»

A los niños les encantaría elegir todo lo que comen, pero a esta edad aún están aprendiendo a controlar sus impulsos. Al ir controlando lo que come, tu hija está empezando a desarrollar una relación con la comida que moldeará sus hábitos alimentarios de por vida.

SITUACIÓN | Tu hija te pide otro pastel.

ELLA DICE

«Solo uno más».

Algunos alimentos son especialmente deliciosos y es difícil resistirse. Comer dulces es una intensa experiencia sensorial para tu hija. La preferencia de los niños por las cosas dulces es universal e innata, probablemente para garantizar que aceptan los alimentos de sabores suaves, como la leche materna, y evitan los amargos, que podrían ser venenosos.

VER TEMAS RELACIONADOS
¡Por favor, por favor!: pp. 58-59
No pintes en la pared: pp. 154-155

PUEDES PENSAR

«*Ya ha tomado bastantes golosinas. Me preocupa que engorde si sigue así*».

¿QUÉ PIENSA ELLA?

«*¿Por qué mamá no me deja comer otro?*».

No debe preocuparte que tu hija esté actuando como una glotona deliberadamente. Tan solo está disfrutando del dulce y no sabe cuáles son los límites. Es esencial que le des ejemplo de una actitud relajada hacia la comida. Todo lo que digas y hagas conformará su aprendizaje sobre este tema.

Tu hija pensará que no hay ninguna razón para dejar de comer pasteles con lo ricos que están. Todavía no sabe interpretar las señales del cuerpo que le indican que ha comido demasiados alimentos dulces. Con tu ayuda, puede empezar a interpretar las señales que le indican que ya ha comido bastante.

CÓMO REACCIONAR

En ese momento...

①

Explica por qué dices no Mantén la calma mientras le explicas que es importante que coma de todo para crecer fuerte y sana. Aunque los dulces están muy ricos, explícale que debe dejar sitio en el estómago para otros alimentos.

②

Háblale de «comer con los ojos» o «comer con el estómago» Ayuda a tu hija a interpretar las señales del apetito. ¿Tiene realmente hambre o es solo un capricho? Formúlalo como una alternativa para que vaya aprendiendo a fijarse en las señales que le manda el cuerpo y decida por sí misma.

A largo plazo...

No vincules la comida con las emociones Evita ofrecerle comida, y sobre todo dulces, como premio cuando se porta bien o para consolarla cuando está disgustada. Es preferible que le propongas una juego o actividad.

Compra alimentos que no debas restringirle Pon a su disposición muchos alimentos sanos para picar que sepas que le gustan y que no te importa que coma. Si tienes en casa alimentos con alto contenido en grasas y azúcares, no dejará de pedírtelos aunque no estén a su alcance.

Crea hábitos Para restar importancia a las golosinas, comed siempre juntos, sentados y a horas fijas. Cualquier tentempié entre horas también debería tomarlo sentada a la mesa para que no coma sin prestar atención.

«No me gusta»

Ahora que tu hijo se está haciendo mayor necesitarás dejarle más tiempo al cargo de otros adultos, como cuidadores o niñeras. Sin embargo, es posible que a tu hijo le lleve tiempo confiar en otros adultos y acostumbrarse a la idea de que otros le cuiden.

SITUACIÓN | **El niño no quiere quedarse con su cuidadora, aunque el día anterior lo llevó bien.**

ÉL DICE

«No me gusta».

PUEDES PENSAR

«Esto es muy incómodo. Quizá debería buscar otra cuidadora».

Tu hijo está programado para estar unido a ti y desconfiar de los extraños, dado que eres la persona que se supone que lo protege. También le preocupa que, cuando no estés con él, te hayas ido para siempre. Con el tiempo aprenderá que siempre regresas.

Si te preocupa que tu hijo esté hiriendo los sentimientos de su cuidadora, quizá caigas en la tentación de hacerle callar o de decirle que no es así. Puede resultarte frustrante y molesto que parezca rechazar a cualquier otro posible cuidador.

«« »»
SI TU HIJO TE CONSIDERA SU BASE SEGURA, SE SENTIRÁ MÁS CONFIADO CUANDO LE CUIDEN OTRAS PERSONAS.

¿QUÉ PIENSA ÉL?

«Esta persona no me comprende como mamá y papá».

A esta edad es normal que los niños expresen lo que les gusta y lo que no, y esta opinión puede cambiar de un día para otro. Como tu hijo está aprendiendo que los demás tienen sentimientos, aún no entiende que pueda hacer daño con sus palabras. A no ser que haya algún motivo real para que rechace a esa cuidadora, lo más probable es que te prefiera a ti porque se sienta más seguro.

VER TEMAS RELACIONADOS

¡Mami, no te vayas!: pp. 42-43
Quiero un abrazo: pp. 74-75

CÓMO REACCIONAR

En ese momento...

Acepta los sentimientos de tu hijo Lleva a tu hijo aparte, donde la cuidadora no le oiga, para reducir la tensión en ambos. Dile palabras de ánimo –por ejemplo «eres un chico valiente; tú puedes hacerlo»– para que comprenda que es un reto adaptarse a la nueva situación.

Reafirma tu confianza en la cuidadora Sin desoír los sentimientos del niño, muéstrale que confías en la cuidadora y crees que puede cuidar bien de él; así también él se sentirá más confiado.

③

Déjale claro que vas a volver pronto Explícale dónde vas y cuánto vas a tardar, con indicaciones concretas como «después de comer» o «antes de la merienda», y dile que jugaréis a algo especial cuando vuelvas.

A largo plazo...

Intenta comprender su desazón Averigua si las objeciones de tu hijo se deben a que le cuesta separarse de ti o a que no se siente feliz y seguro con esa persona. Márchate y, sin que te vea, observa si después se tranquiliza.

Informa a la cuidadora La cuidadora se sentirá más segura si le das toda la información posible acerca de tu hijo. Observa si la cuidadora quiere saber más o si muestra escaso interés, pues esto puede indicarte cuánto le importa. Tu hijo necesitará un periodo de adaptación, pero, si sigue protestando o se vuelve introvertido, debes reconsiderar si va todo bien.

Timidez

Los niños tímidos suelen venir al mundo con un temperamento más sensible. A estos niños puede costarles más «despegar» cuando conocen gente nueva, pero con el tiempo se acostumbrarán a las situaciones desconocidas.

Los estudios demuestran que, lejos de ser un problema, los niños tímidos tienden a ser buenos observadores, y solo son más lentos a la hora de conectar con gente nueva.

Los científicos han descubierto que, incluso en el vientre materno, el corazón de los niños de carácter tímido tiende a latir más rápido que el de los demás niños. Entre un 10 y un 20 por ciento de los niños nace con un sistema nervioso más excitable y se altera en situaciones nuevas. Son esos bebés que no sonríen tan fácilmente a los extraños y que, al crecer, se sienten más inseguros delante de las personas que no conocen.

Se ha descubierto que, en los niños tímidos, el receptor cerebral que detecta la amenaza se dispara más fácilmente y provoca respuestas más ansiosas. Más aún, los niños tímidos suelen convertirse en adultos reflexivos y empáticos que prefieren escuchar a hablar.

1

Evita las etiquetas

Si tu hija se esconde detrás de ti cuando se enfrenta a una situación nueva, no les digas a los demás que es «tímida». Etiquetarla de este modo le hará creer que se trata de un rasgo negativo de su carácter.

4

Dile que entiendes cómo se siente

Muéstrale tu comprensión en vez de intentar que salga de su caparazón. Puedes decirle que ya sabes que a veces cuesta conocer y hablar con personas desconocidas, y que en ocasiones a ti también te da vergüenza, pero que esta sensación disminuye en cuanto hablas un poco.

6

Anímala a practicar

Explícale que, del mismo modo que un músculo se fortalece con ejercicio, las habilidades sociales también mejoran con la práctica.

IDEAS PRÁCTICAS

8 pautas básicas

2
Reformula la timidez
Cuando otros adultos conozcan a tu hija quizá digan que es tímida para explicar por qué no es simpática. Evita esta etiqueta diciéndoles que a tu hija le gusta tomarse su tiempo y observar cuando se enfrenta a una nueva situación.

3
Prepárala
Si le explicas antes lo que le espera, puedes lograr que le resulte más fácil enfrentarse a nuevas situaciones, como empezar a ir al colegio. Antes de esto o de acudir a un gran evento social, como una boda o una fiesta, cuéntale en qué va a consistir.

5
Explícale cómo presentarse
La timidez solo es un obstáculo para hacer amigos al principio. Para ayudar a tu hijo a superarla, enséñale a parecer amable con una sonrisa, un lenguaje corporal positivo y presentándose por su nombre.

7
Juego de roles
A los niños tímidos les preocupa especialmente hacer o decir algo incorrecto. Haz que tu hija gane confianza jugando con sus muñecos a que conoce a niños nuevos en el colegio o en una fiesta de cumpleaños.

8
Sé un buen ejemplo
Las neuronas espejo del cerebro de tu hija permiten que aprenda habilidades sociales observándote a ti y a sus otros cuidadores, e imitando lo que haces. Dale buen ejemplo siendo amable con la gente y mostrando educación y consideración hacia los demás.

CONSEJOS A MEDIDA

Por edades

2-3
AÑOS

Una base segura
En esta etapa, presenta a tu hija desde la seguridad de tus brazos (o tu regazo), para que pueda acostumbrarse y observar lo que la rodea.

Separación sin temor
Sigue los pasos de la página 42 para evitar la ansiedad por la separación y el apego excesivo.

4-5
AÑOS

Sesiones de práctica
Busca ocasiones para que tu hija perfeccione sus habilidades sociales, como hablar por teléfono con familiares, pagar en una tienda y decir «gracias» y «por favor» a los desconocidos.

Aquí y allá
Ahora que tu hija está en el colegio haciendo amigos, muéstrale cómo responder a las propuestas de amistad, haciendo que conteste tus preguntas y enseñándole a participar en los juegos.

6-7
AÑOS

Organiza reuniones con otros niños
Posiblemente tu hija se sienta más segura y extrovertida con otros niños en su territorio doméstico.

Respeta sus gustos
Busca una actividad basada en los gustos de tu hija. Se unirá a otros niños con los que ya tiene muchas cosas en común.

«¡Lo quiero ahora!»

El aplazamiento de la gratificación es la capacidad de emplear la lógica para renunciar a lo que quieres ahora con la promesa de una mayor recompensa. Se ha descubierto que los niños que son capaces de controlar sus impulsos tienen más éxito de adultos, porque eligen con más sabiduría y sensatez.

SITUACIÓN | **Cuando sacas una tarrina de helado del congelador, le dices a tu hija que debe esperar cinco minutos antes de comerlo.**

ELLA DICE

«¡lo quiero ahora!».

A esta edad, para tu hija será un reto que le pidas que espere. Esto se debe a que aplazar la gratificación implica habilidades del funcionamiento ejecutivo —o de pensamiento y competencia en la parte superior del cerebro— que aún se están desarrollando. Los niños no suelen desarrollar esta capacidad hasta una edad entre los 3 y los 5 años, e incluso es algo que muchos seguimos desarrollando en la edad adulta.

ENSEÑARLES A APLAZAR LA GRATIFICACIÓN LES APORTA UNA HABILIDAD DE POR VIDA.

VER TEMAS RELACIONADOS

El vaso azul. No, el amarillo. No, el azul: pp. 36-37
No pintes en la pared: pp. 154-155

PUEDES PENSAR

«¿Por qué todo tiene que ser ahora? ¿No puede esperar?».

¿QUÉ PIENSA ELLA?

«El helado está aquí mismo. ¿Por qué no puedo comerlo ahora?».

Es probable que te moleste la tremenda impaciencia de tu hija y que siempre busque la gratificación inmediata. Sin embargo, aunque es poco realista esperar que tenga fuerza de voluntad a esta edad y sea capaz de esperar, puedes ayudarla a desarrollar la paciencia.

Para tu hija el helado es una golosina que sabe muy bien, y que los centros de recompensa de su cerebro desean en cuanto lo ve. Ella aún no entiende del todo la relación causa-efecto y carece de la experiencia vital para saber que el helado debe ablandarse antes de sacarlo de la tarrina.

CÓMO REACCIONAR

En ese momento...

①

Distráela Es fácil distraer a los niños, así que puedes apartar su atención de la causa de su frustración mostrándole algo interesante, como lo que hace el gato en el jardín, o recordándole su nuevo juguete.

②

Dale sentido al tiempo Si el helado tarda cinco minutos en ablandarse, pon un reloj y proponle un reto: cuántas piezas de Lego puede montar antes de que suene la alarma; después, el helado estará listo. Esto le dará a la niña una idea más concreta de cuánto tiene que esperar y un mayor control del proceso.

③

Apártalo de su vista para apartarlo de su mente A los niños les resulta más fácil esperar algo que no tienen a la vista. Pon el helado donde no pueda verlo.

A largo plazo...

Sugiere estrategias Se ha descubierto que los niños que cantan para sí mismos o hacen viajes imaginarios son más pacientes.

Habla sobre la paciencia La próxima vez que tu hija logre ser paciente, habla con ella de la experiencia; por ejemplo: «¿Te acuerdas de lo bien que has esperado en la cola del tiovivo y de lo bien que te lo has pasado cuando te ha tocado el turno?».

«¡Todavía no!»

A esta edad, los niños viven el momento y anteponen sus deseos y necesidades. Si se están divirtiendo con una actividad o están absortos en un juego, les resultará frustrante parar y centrar la atención en otra cosa, sobre todo si nos les interesa demasiado.

SITUACIÓN | Tu hijo está jugando en el arenero del parque. Es hora de marcharse para ir a buscar a su hermano al colegio.

ÉL DICE

«¡Todavía no!».

PUEDES PENSAR

«¿Por qué arma este jaleo? Sabe que tengo que ir a buscar a su hermano mayor».

Los adultos tienen cosas que hacer y sitios a los que ir, pero los niños solo quieren jugar. A esta edad, suelen centrarse en una única actividad durante 10-15 minutos, las llamadas «islas de juego». Por eso, la mejor manera de que deje una actividad es unir un juego con otro.

Sabes que tu hijo mayor sale del colegio todos los días a la misma hora, pero tu hijo vive el momento y solo piensa en jugar. Si te parece que solo pone pegas cuando tienes que ir a otro sitio, te sentirás frustrado.

ENFRENTARSE A LAS TRANSICIONES ES UNA HABILIDAD ESENCIAL PARA EMPEZAR EN EL COLEGIO. ENSEÑA A TU HIJO A ADAPTARSE A LOS CAMBIOS MIENTRAS AÚN ES PEQUEÑO.

¿QUÉ PIENSA ÉL?

«¿Por qué los mayores tienen que fastidiarme la diversión?».

Si interrumpes su juego, para él es como si quisieras fastidiarle la diversión deliberadamente. Su independencia es cada vez mayor y quiere controlar sus ratos de juego. Necesita mucho control y poder mental para dejar lo que está haciendo por una razón que para ti es importante, pero no para él.

CÓMO REACCIONAR

En ese momento...

Pon nombre a los sentimientos de tu hijo
En vez de dar órdenes, hazle saber que le comprendes. Dile: «Sé que te estás divirtiendo y estás triste porque tenemos que irnos». Así sabrá que le comprendes y sentirá que no necesita seguir protestando.

②

Alaba su actitud Cuando deje de jugar y se vaya contigo sin protestar, dile que lo ha hecho muy bien, y probablemente hará lo mismo la próxima vez.

③

Proponle una actividad interesante para después
Si le estás pidiendo que haga algo que no quiere, como sentarse en el coche para ir al colegio, proponle cantar una canción o jugar a las adivinanzas en el coche por el camino.

A largo plazo...

Dale tiempo suficiente para que termine
Si organizas la marcha cuando está terminando de jugar, no opondrá tanta resistencia. También puedes prepararle avisándolo de manera cariñosa pero firme: «Un ratito más con la arena y nos vamos».

Sé previsible Estas transiciones son más difíciles cuando el niño está cansado o tiene hambre. Establecer una rutina centrada en él para las comidas, las siestas y las salidas al parque le ayudará a afrontar estas transiciones.

VER TEMAS RELACIONADOS
Solo uno más: pp. 48-49

«¡Por favor, por favor!»

Ahora que tu hija ya sabe hablar, puede expresar sus deseos mediante palabras. Ella es el centro de su universo, así que orientará su recién adquirida capacidad a pedirte lo que quiere, porque te ve como un adulto todopoderoso cuya misión es satisfacer todas sus necesidades.

SITUACIÓN | **En el parque, tu hija ve un puesto de helados y empieza a pedir una y otra vez un helado.**

APRENDER A PEDIR BIEN LAS COSAS AYUDA A PADRES E HIJOS A DISFRUTAR DEL TIEMPO JUNTOS.

ELLA DICE

«*¡Por favor, por favor!*».

Ahora que tu hija comprende la relación causa-efecto, sabe que si insiste una y otra vez tú reaccionas. Aunque no siempre consiga lo que quiere, esta reacción hace que se sienta fuerte. Tu hija también se repite porque no sabe de qué otro modo lograr lo que quiere.

◀ VER TEMAS RELACIONADOS ▶
Solo uno más: pp. 48-49
¡Lo quiero ahora!: pp. 54-55

PUEDES PENSAR

«Su lloriqueo hace que parezca un mal padre, pero tampoco quiero una rabieta».

¿QUÉ PIENSA ELLA?

«Quiero un helado. Si lo digo muchas veces, mamá cederá».

Como estás en un lugar público, es posible que estés incómoda. Por un lado, sabes que su lloriqueo puede acabar en rabieta, pero también te sientes juzgada por los demás padres, que puedan pensar que otras veces sí has cedido. Quizá también te moleste que pida chucherías cada vez que salís.

En esta etapa de su desarrollo, los niños se enfrentan al «pensamiento ilusorio» y creen que desear algo significa que pueden conseguirlo. Al repetir lo mismo, creen que podrán lograr que les des lo que quieren.

CÓMO REACCIONAR

En ese momento...

Demuéstrale que la has oído Dile que ya lo has entendido la primera vez.

②

Pídele que emplee un tono de voz educado Dile que la escucharás si lo pide bien. Después conversa con ella sobre si tomarse un helado es buena idea o no.

③

Explica por qué Explícale el motivo de tu decisión. Si dices que no, evita que se sienta una glotona por pedirlo.

Mantén la calma Puede que en otras ocasiones el lloriqueo de tu hija te haya hecho reaccionar, aunque solo hayas logrado su atención negativa. Si te enfadas, se desencadenará su instinto de lucha y huida para combatir la frustración, y después puede venir la rabieta. No permitas que su lloriqueo te moleste.

A largo plazo...

Alaba su autocontrol Reconoce el esfuerzo de tu hija por controlar sus impulsos otras veces, por ejemplo cuando escucha sin interrumpir, y dale las gracias. Eso no significa que siempre lo haga bien, pero sabrá que estás al tanto de sus deseos, aunque no siempre los controle.

«Mamá no. Quiero a papá»

Ahora que tu hijo ha dejado de ser un bebé y sabe expresar sus deseos con más claridad, busca un mayor control de otros aspectos de su vida. Una de las formas de hacerlo es elegir si quiere realizar las diferentes actividades con papá o con mamá.

SITUACIÓN | **Aunque le has propuesto jugar a los piratas, tu hijo solo quiere jugar con papá, no con mamá.**

ÉL DICE

«Mamá no. Quiero a papá».

PUEDES PENSAR

«¿Significa esto que no me quiere tanto como a papá?».

Cuando era un bebé, posiblemente tu hijo estaba más unido a su principal cuidador, a menudo el que le alimentaba. Ahora que se está haciendo mayor y más independiente, se da cuenta de que es una persona distinta a ti, y está listo para desarrollar su relación con otros miembros de la familia. En consecuencia, papá puede convertirse en su preferido.

Después de que tu hijo te haya demostrado tanto amor, te dolerá oír esto. Quizá te preguntes si te has equivocado en algo, o sientas celos o resentimiento hacia tu pareja. Es una etapa corta, así que no te tomes sus palabras como algo personal, sino como una señal de su creciente autoestima.

VER TEMAS RELACIONADOS

¡Mami, no te vayas!: pp. 42-43
Me gusta este palo: pp. 66-67

QUÉ PIENSA ÉL

«Prefiero jugar con papá a este juego».

Hay muchas razones por las que tu hijo puede preferir al otro. Si papá está menos en casa, igual le parece más emocionante, pero seguirá pidiéndote que le ayudes tú a vestirse, porque es a lo que está acostumbrado. También puede preferir a papá para este juego porque, según algunos estudios, los padres suelen participar en juegos más bruscos.

CÓMO REACCIONAR

En ese momento...

1

Permítele que elija Escucha a tu hijo y admite su petición. Si tu pareja no está, dile al niño: «Puedo jugar yo contigo hasta que venga papa».

2

Emplea el humor En vez de enfadarte, di algo así: «Tienes razón. ¡Papá es un buen capitán Garfio!». Aunque es importante enseñarles que las palabras pueden hacer daño, déjalo para cuando estés menos sensible, y así no harás que tu hijo se sienta culpable.

A largo plazo...

Desarrolla vuestro vínculo Si crees que tu hijo quiere jugar con el otro miembro de la pareja porque se divierte más con él, reserva un rato diario con tu hijo para realizar actividades divertidas juntos.

Sed un equipo Los niños se sienten más seguros cuando tienen un equipo de adultos que comparten su cuidado. Si le enseñas a tu hijo que ambos podéis satisfacer sus necesidades por igual, vuestros roles serán más fácilmente intercambiables y no te sentirás tan herida cuando tu hijo te diga que no quiere jugar contigo.

Habla con tu pareja Haz saber a tu pareja cómo te sientes, y así no habrá resentimiento entre vosotros. Evita los comentarios críticos delante del niño y pasad más tiempo juntos en familia.

Problemas de sueño

Todos los padres saben que los niños están más contentos y se portan mejor cuando han descansado bien. Pero esto no significa que les guste irse a la cama, ni que vayan a permanecer en ella toda la noche.

Normalmente, los niños suelen tener dos tipos principales de problemas de sueño: no querer acostarse los primeros y despertarse durante la noche.

En el primer caso, algunos niños no quieren irse a dormir porque estar solos en la oscuridad les provoca sentimientos de ansiedad por separación. Algunos tienen la mente muy activa y les cuesta pasar a un estado mental más relajado. Los niños tienen más fases de sueño ligero que los adultos, y deben aprender que, cuando se despiertan, no siempre es hora de levantarse y a saber cómo relajarse y retomar el sueño.

Conseguir que tu hija adquiera una rutina de sueño es uno de los retos educativos más duros. Pero cuando se consigue, puede marcar una diferencia muy positiva en la vida familiar. Descubre tu papel a la hora de ayudar a tu hija a desarrollar una actitud sana ante el sueño y disfruta con ella de ese momento.

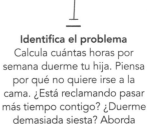

1

Identifica el problema

Calcula cuántas horas por semana duerme tu hija. Piensa por qué no quiere irse a la cama. ¿Está reclamando pasar más tiempo contigo? ¿Duerme demasiada siesta? Aborda antes estas cuestiones.

4

La hora de dormir debe ser especial

No amenaces a tu hija con la cama como castigo. Háblale de dormir como un momento especial en el que acurrucarse y leer antes de descansar, y así crecer, aprender y tener mucha energía.

7

No tengas prisa

Para que el activo cerebro de tu hija se calme y haga la transición más fácilmente, deja que pase hasta una hora desde el momento del baño hasta que se apagan las luces.

9

Mantén un perfil bajo

Una vez apagadas las luces, ayúdala si necesita beber, ir al baño o un abrazo rápido para tranquilizarse, pero entretente lo menos posible para que no se sienta premiada con tu atención.

IDEAS PRÁCTICAS

10 pautas básicas

2
Idea un plan
La coherencia es clave, así que traza un plan que tu familia y tú podáis cumplir. Incorpora un cambio cada vez, como que tu hija se vaya a dormir sin protestar, o que permanezca en su cama toda la noche. Cada cambio puede llevar una o dos semanas.

3
Presentad un frente unido
Los divergencias sobre cómo y cuándo acostar a los niños pueden provocar tensión en la pareja, lo que acaba redundando en la pérdida del valioso tiempo de los adultos. Si tu hija recibe mensajes contradictorios, quizá trate de enfrentaros.

5
Dile a tu hija lo que hace bien
Observa y describe todo lo que tu hija hace bien cuando se va a la cama, desde salir del baño sin protestar a ponerse el pijama sin que se lo pidas.

6
Prepárala para el sueño
Las rutinas nocturnas están llenas de señales asociadas con el sueño. Como adultos, damos por sentado que debemos desvestirnos, lavarnos los dientes y leer en la cama. Crea estas asociaciones en tu hijo siguiendo esta rutina en el mismo orden todas las noches.

8
Pon una lamparita
Los niños pequeños pueden sentir que la oscuridad oculta todos los objetos familiares de su habitación. Una pequeña lamparita de noche les mostrará que nada ha cambiado y no interrumpirá su sueño.

10
Haz que vea el sueño como algo positivo
Sin ayuda de los adultos, los niños no entienden la relación entre dormir lo suficiente y estar de mal humor al día siguiente. Conforme se vaya haciendo mayor, insiste en este punto y en lo que cuesta levantarse cuando no se ha dormido bien.

CONSEJOS A MEDIDA

Por edades

2-3 AÑOS

Suficientes horas de sueño
En esta etapa, tu hija tiene que dormir unas 12-13 horas. Asegúrate de que se va a la cama a la hora correcta.

Incentiva los logros
Utiliza una tabla de premios y marca con una estrella cada vez que consiga un objetivo, por ejemplo quedarse en la cama toda la noche.

4-5 AÑOS

Prescinde de la siesta
Puede que tu hija ya no necesite dormir tanto, así que quizá puedes prescindir de siestas durante el día.

Cambios graduales
Si te resulta difícil levantar a tu hija por las mañanas para ir al colegio, apágale la luz 15 minutos antes cada semana hasta que se acueste a la hora idónea.

6-7 AÑOS

Los deberes
Las tareas escolares pueden retrasar la hora de irse a dormir. Pregúntale al profesor de tu hija cuánto tiempo debe tardar en hacerlas y ayúdala a ceñirse a ese horario.

¿Alguna preocupación?
A algunos niños les cuesta dormir a esta edad debido a inquietudes escolares o de amistad. Pídele que escriba qué le preocupa antes de irse a la cama y así podrá hablar de ello contigo.

«Quiero este cuento»

Los libros ayudan a los niños a aprender a hablar, a interactuar, a mejorar su nivel de atención y a saber leer antes. Como parte de una rutina, la hora del cuento indica que es hora de irse a dormir. Tener tu atención total ayuda a tu hijo a sentirse seguro, especial y unido a ti.

SITUACIÓN | **Tu hijo quiere que le leas, una y otra vez, el mismo cuento a la hora de dormir.**

ÉL DICE

«Quiero este cuento».

PUEDES PENSAR

«Le he leído este libro 100 veces. Es siempre lo mismo».

Compartir un cuento es una forma tranquila de que tu hijo se relaje. Además de indicarle que es hora de dormir, la hora del cuento trae consigo otros beneficios: los niños a los que se lee con frecuencia a los 2 o 3 años obtienen mejores resultados académicos cuando empiezan a ir al colegio.

Probablemente te sepas algunos libros de memoria, pues tu hijo quiere escuchar sus cuentos preferidos una y otra vez. Aunque la repetición pueda resultarte aburrida, dejarle elegir hace que se sienta importante, porque es él quien controla la diversión de la hora del cuento.

LEER CUENTOS ES UNA OPORTUNIDAD MAGNÍFICA PARA REFORZAR VÍNCULOS, RELAJARSE Y DIVERTIRSE, AL MISMO TIEMPO QUE AYUDA AL NIÑO A APRENDER.

¿QUÉ PIENSA ÉL?

« ¿Podemos leerlo otra vez? Hace que me sienta bien».

Cuando tu hijo se acurruca junto a un libro se siente seguro. Volver a leer el mismo cuento ayuda al niño a reconocer la forma de las palabras de la página, paso previo esencial a la lectura. Es también ocasión de practicar vocabulario nuevo, de mejorar la memoria y desarrollar su comprensión emocional de las personas; capacidad que necesita para hacer amigos.

CÓMO REACCIONAR

En ese momento...

(1)

Préstale toda tu atención Deja que el niño se relaje, sabiendo que este es vuestro momento y que tú eres ahora su prioridad. Deja a un lado el móvil.

(2)

Responde a sus preguntas A veces las continuas interrupciones son frustrantes para los adultos, pero las preguntas de tu hijo son clave para interactuar con el cuento y desarrollar su imaginación. Hablad de lo que va a pasar después y de los sentimientos de los personajes.

(3)

Sé muy expresivo Da vida a los cuentos poniendo diferentes voces a los personajes según su personalidad. Con ayuda de las distintas voces y volúmenes, el niño comprenderá el significado de nuevas palabras. Cuanto más disfrute con el cuento, más aprenderá de él.

A largo plazo...

Poneos de acuerdo en los libros Si tu hijo quiere leer la mitad de su biblioteca, sugiérele que elija tres cada noche y limitaos a esos.

Haced un ritual Léele al menos un libro a la hora de acostarse y otros cuentos durante el día, si es posible. No tienen por qué ser largos. Aunque estés cansado, es importante que el niño tenga un momento tranquilo contigo por la noche que le haga sentirse seguro.

«Me gusta este palo»

Cuando llevabas a tu hija en el carrito, sabías más o menos
lo que podías tardar del punto A al punto B. Ahora que tu hija
anda, te cuesta un siglo ir a cualquier sitio porque
le entusiasma todo lo que ve.

SITUACIÓN | **Camino al parque, tu hija insiste en detenerse
a inspeccionar otro interesante palo.**

« »

ES UN MOMENTO DE EXPLORACIÓN ÚNICO PARA TU HIJA. ADAPTA TU RITMO AL SUYO.

ELLA DICE

«Me gusta este palo».

Es la primera vez que tu hija tiene la
posibilidad de explorar el mundo exterior con
independencia y solo tiene que andar unos pasos
para encontrar algo nuevo y fascinante. Siente
curiosidad por las texturas, los colores y el peso
de sus descubrimientos. Es como si viera el mundo
por primera vez.

VER TEMAS RELACIONADOS
¡Todavía no!: pp. 56-57

PUEDES PENSAR

«¡Otro palo no! Vamos a llegar tarde».

Si tienes que estar en otro sitio a una hora concreta, te agobiarás al ver lo despacio que vais. Tu hija parece ignorarte cuando le pides que se dé prisa, pero su intensa concentración y el hecho de que solo puede pensar en una cosa a la vez hace que le cueste escucharte.

¿QUÉ PIENSA ELLA?

«Este palo es muy interesante. ¿Por qué tengo que darme prisa?».

Tu hija está construyendo conexiones entre sus células cerebrales a una velocidad de 1.000 por segundo. La mayor parte de este rápido desarrollo cognitivo lo realiza fijándose en todo. Ella vive el ahora y necesita mucha fuerza mental para pasar de sus prioridades a las tuyas.

CÓMO REACCIONAR

En ese momento...

①

Desciende a su nivel En vez de presionar a tu hija para que se dé prisa, inclínate para que te enseñe lo que ha encontrado. Cuando tengas que marcharte, dale unos minutos para que pueda cambiar su centro de atención y siga andando.

②

Disfruta del paseo Para disfrutar más, trata de adoptar un caminar consciente, pues esta demostrado que esto levanta el ánimo. Intenta andar despacio, mirando a tu alrededor y fijándote en todo. Adoptar esta actitud os ayudará a sentiros más felices.

A largo plazo...

Ve con tiempo Cuantas más prisas tengas en llegar a los sitios, más difícil te resultara acceder al mundo de tu hija. Los niños aprenden mejor cuando no les meten prisa y siguen sus propios intereses.

Atiende sus necesidades A veces, resistirse a tus demandas le sirve para tener el control y captar tu atención. Busca otros momentos para estar a solas con ella, sin prisas, fuera de casa.

Salid más Los espacios abiertos son el lugar idóneo para que los niños practiquen sus habilidades físicas. Lejos de las restricciones de los espacios cerrados, tendrá libertad para correr, saltar y desarrollar sus sentidos.

«Una para ti, otra para mí»

Aprender a compartir es una habilidad importante que hay que enseñar a todos los niños. Es bueno dar ejemplo de ello para que ellos hagan lo mismo con sus iguales. Ser capaz de compartir es un factor clave para ayudarles a hacer amigos.

SITUACIÓN | Tu hija está jugando a repartir las galletas, aunque realmente no quiere ninguna.

ELLA DICE

«Una para ti, otra para mí».

PUEDES PENSAR

«La verdad es que no quiero una galleta manoseada. Le diré que no».

Al lograr más control sobre su cuerpo, tu hija aprendió que tenía la capacidad de agarrar cosas y lo quería todo para ella. Ahora está alcanzando un nuevo hito: desarrollar la empatía para saber que los demás también tienen deseos y controlar sus impulsos de acapararlo todo.

Todos los padres desean que sus hijos compartan, porque quieren que sean buenos y agraden a los demás. Pero tendrás que esperar a que tu hija tenga unos 3 años para que entienda que compartiendo hace felices a los demás. Hasta entonces, refuerza su intención de compartir.

VER TEMAS RELACIONADOS
¡Mío!: pp. 26-27

«« »»
ENSÉÑALE A TU HIJA A COMPARTIR.
ES UNA HABILIDAD BÁSICA PARA HACER AMIGOS.

¿QUÉ PIENSA ELLA?

«Me gusta repartir y que mamá esté contenta».

A los niños les encanta repetir las cosas que les gustan, y tu hija no es una excepción. Cuanto más repita esos rituales contigo, más aprenderá a compartir, una habilidad importante para su futuro.

CÓMO REACCIONAR

En ese momento...

①

Sonríe y acepta la galleta Refuerza el mensaje de que compartir es bueno haciéndolo con tu hija y con los demás siempre que tengas ocasión.

②

Dale las gracias Hazle saber que estás agradecida por su generosidad; siempre puedes decir que guardas la galleta para más tarde.

A largo plazo...

Describe lo que hace bien Utiliza una alabanza descriptiva cuando actúe bien. Por ejemplo: «¿Has visto cómo sonreía Laura cuando le diste una galleta? Le encantó que se la dieras».

Explica lo que significa compartir Explícale que algunas veces compartir significa dar para siempre (como la comida) y otras solo un rato y que luego te lo devolverán (cuando prestas un juguete).

Jugad a compartir Hay juegos de mesa y otros que se juegan por turnos y pueden enseñar a compartir.

«¿Cuándo es mañana?»

Los adultos piensan mucho en el tiempo, ya se trate de minutos o de horas, de ayer, hoy o mañana. Los niños pequeños solo entienden lo que pueden tocar o sentir; el tiempo es un concepto abstracto y necesitan ayuda para comprender cuándo van a pasar las cosas.

SITUACIÓN | **Tu hija sabe que sus abuelos van a venir de visita mañana, pero no deja de preguntar dónde están.**

ELLA DICE

«¿Cuándo es mañana?».

**LOS NIÑOS
NO ESTÁN SIENDO
POCO RAZONABLES
CUANDO MUESTRAN
IMPACIENCIA.
AÚN NO VEN CÓMO
PASA EL TIEMPO.**

Tu hija vive sobre todo en el presente. Su concepto del paso del tiempo se basa en saber que las cosas suceden regularmente —levantarse, comer y acostarse. Al escuchar cómo asocias estos acontecimientos con las palabras, empezará a comprender lo que quieres decir con «más tarde» y «antes». Pero «mañana» está aún demasiado lejos para que pueda imaginárselo.

VER TEMAS RELACIONADOS
¡Quiero el móvil!: pp. 46-47
¡Lo quiero ahora!: pp. 54-55

«Le he dicho mil veces que vienen mañana. ¿Por qué es tan impaciente?».

«Quiero que los abuelos vengan ya. Parece que no van a llegar nunca».

La vida de los adultos está regulada por tiempos y plazos, por lo que es fácil olvidar que esto no significa nada para un niño. Cuesta no exasperarse cuando tu hija pregunta una y otra vez cuándo vienen las visitas, pero piensa que no entiende lo que es «mañana» y está intranquila.

Las funciones superiores de su cerebro que permiten mirar al futuro aún no están desarrolladas. Tu hija está tan emocionada de ver a los abuelos que piensa que debería ser ahora. Además, le falta práctica para aplazar la gratificación y está impaciente.

CÓMO REACCIONAR

En ese momento...

(1)

Divide el tiempo Dile que entiendes que quiera ver ya a los abuelos, pero que, si cena, se baña y se va a la cama, el tiempo pasará más deprisa, y los abuelos llegarán cuando se levante y haya desayunado.

(2)

Distráela Ofrécele actividades y distracciones para que no esté tan centrada en la llegada de los abuelos.

A largo plazo...

Dale una rutina Los niños comprenden mejor cómo pasa el tiempo si tienen una rutina. Pueden usar esas referencias a lo largo del día para medir el paso del tiempo.

Asocia las actividades con el tiempo Emplea diferentes palabras de tiempo a lo largo del día para que vea cuándo suceden las cosas. Dile que se ponga el abrigo «antes» de salir o que se coma el postre «después» del plato principal.

Señala el paso del tiempo Emplea herramientas visuales para que tu hija comprenda el tiempo. Por ejemplo, puedes pegar una foto de los abuelos en el calendario el día de su visita, e ir tachando los días anteriores conforme vayan pasando.

CAPÍTULO 3

tu hijo de

4 a 5

AÑOS

«Quiero un abrazo»

A esta edad tu hijo está programado para permanecer cerca de la persona con la que más tiempo pasa y con la que se siente más seguro. Incluso cuando empieza a ser más independiente, sigue sintiendo la necesidad de un adulto y de un abrazo reconfortante.

SITUACIÓN | Tu hijo quiere estar en brazos en vez de sumarse a la fiesta de cumpleaños de un amigo.

ÉL DICE

«Quiero un abrazo».

Aunque tu hijo conozca a casi todos los niños del cumpleaños, al llegar se siente agobiado por la novedad y el ruido. Necesita que le proporciones seguridad. Quizá piense: «Socorro, esto es nuevo para mí y me asusta».

PUEDES PENSAR

«Normalmente, le encanta salir y explorar. ¿Por qué está hoy tan pesado?».

Este comportamiento, aunque sorprendente, indica que confía en ti para consolarle en ese lugar extraño para él. Pregúntate si está preparado para ser independiente. Disfruta de sus abrazos mientras se arma de valor.

« »

PRESÉNTALE A LOS DEMÁS DESDE LA SEGURIDAD DE TUS BRAZOS PARA QUE PUEDA OBSERVARLO TODO Y HABITUARSE.

¿QUÉ PIENSA ÉL?

«Mamá, no me sueltes. Cuando me sienta más animado me uniré a la fiesta».

Los estudios demuestran que entre un 10 y un 20 por ciento de los niños vienen al mundo con un sistema nervioso más vigilante, que les hace más precavidos en situaciones nuevas. No quiere decir que tu hijo no vaya a hacer amigos. Solo necesita un poco más de tiempo para sentirse seguro.

CÓMO REACCIONAR

En ese momento...

No lo fuerces Abrázalo y quédate cerca. Evita decir que ya es un chico grande y que debe ir solo a jugar. Dale tiempo de adaptarse a la situación.

②

Muéstrale lo que está pasando Haz que se distraiga viendo lo que allí está pasando, si hay una tarta de cumpleaños en la mesa o si están jugando. Algo captará su atención y le invitará a unirse a la fiesta.

③

No le pongas la etiqueta de «tímido» Acepta sus sentimientos —que se siente inseguro en la fiesta porque hay mucha gente—, pero no te refieras a él como tímido o se sentirá catalogado como tal. Dale un abrazo sin preguntas ni juicios.

Alaba su valentía Cuando empiece a mirar a su alrededor y a manifestar interés por unirse a la fiesta, dile que ya sabes que es difícil, pero que lo está haciendo muy bien y que es muy valiente.

A largo plazo...

Practica situaciones sociales Lleva al niño contigo cuando salgas, para que se acostumbre a estar con otras personas en grupos pequeños y en sitios tranquilos. Tu hijo necesita frecuentar situaciones sociales para aprender a ser sociable. Que vea que tú también sales y que te gusta estar con gente en fiestas o en eventos escolares.

VER TEMAS RELACIONADOS

Timidez: pp. 52-53

«¡Mira lo que he hecho!»

Tu hija de 4 o 5 años será muy clara a la hora de que prestes atención a lo que hace. Todos tenemos una necesidad psicológica básica de reconocimiento, pero especialmente los niños precisan mucha atención positiva para un correcto desarrollo cognitivo y emocional.

SITUACIÓN | Tu hija acaba de terminar su puzle favorito.

ELLA DICE

«¡Mira lo que he hecho!».

Está deseando que vayas y lo veas inmediatamente. Desde el nacimiento, estamos programados para necesitar reconocimiento y aceptación de los demás. Es una de las piedras angulares de la autoestima.

PUEDES PENSAR

«Tengo mucho que hacer. ¿Por qué quiere enseñármelo otra vez?».

Que tu hija haya conseguido o no algo nuevo es irrelevante; no puede evitar anhelar tu aprecio. Las interrupciones pueden ser molestas, pero si te muestras enfadado o irritado quizá busque tu atención portándose mal. Lo que ahora necesita es tu atención cariñosa.

«« »»

TU ATENCIÓN, TU HALAGO Y TU AMOR INCONDICIONAL SON LA MEJOR INFLUENCIA EN TU HIJA.

¿QUÉ PIENSA ELLA?

«Por favor, no me ignores. Tu aprobación es muy importante».

Tu hija no solo quiere tu atención, sino que necesita tu aprobación social. Los niños tienen un radar incorporado que detecta el halago que no suena sincero. Interpretará cualquier falta de sinceridad o distracción (por ejemplo, si estás pegado al móvil) como un rechazo.

VER TEMAS RELACIONADOS
Siempre estás ocupada: pp. 108-109
Me lo prometiste: pp. 148-149

CÓMO REACCIONAR

En ese momento...

Si puedes, deja lo que estés haciendo Y dedícale a tu hija tu atención total, aunque sea por unos momentos. Un breve destello de atención positiva bastará para satisfacer su ansia de reconocimiento y hará que se sienta segura y valorada. Si no puedes acudir de inmediato, dile: «Voy en cuanto haya...», y mantén tu promesa. Puedes sugerirle que haga algo mientras espera a que termines.

②

Insiste en lo que ha hecho bien En lugar de recurrir al típico «muy bien», dedica un momento a observar lo que ha hecho y señala algo concreto: «Me encantan los colores de este puzle» o «¡Qué dibujo más gracioso!».

Muéstrale tu aprecio, aunque no te lo pida Dale ánimos, aunque no te lo esté pidiendo directamente; por ejemplo, si observas que está jugando bien o está colaborando. Tu atención frecuente y tus comentarios a lo largo del día contribuirán a reafirmar su autoestima y a que descubra exactamente cuál es el comportamiento que quieres ver.

A largo plazo...

Evita tácticas dilatorias «Estoy ocupado; espera un minuto». Es probable que un minuto se convierta en varios y pierdas la ocasión. No parar en esos momentos significa que ignoras repetidamente sus llamadas de atención, actitud que puede minar su confianza y su autoestima.

Hazlo a tu manera No es imprescindible que te sientes y juegues con ella para darle tu atención positiva y tu apoyo. Es tu atención y tu aceptación lo que quiere; también le encantará copiar y hacer lo que tú estés haciendo. Disfruta de estos momentos de calidad.

«¿Estás triste, mami?»

Como madre estás acostumbrada a reaccionar cuando tu hija llora porque está en apuros o porque se ha hecho daño, pero quizá te sorprenda la primera vez que intente consolarte a ti cuando estés triste. Discutir tus emociones de vez en cuando con tu hijo contribuirá a desarrollar su inteligencia emocional.

SITUACIÓN | Después de un día estresante, tu hija te encuentra llorando.

ELLA DICE

«¿Estás triste, mami?».

Tu hija, que hasta ahora solo era capaz de ver el mundo desde su punto de vista, ya es lo bastante mayor para comprender que también tú tienes emociones, provocadas por acontecimientos externos; por eso, sabe que ha pasado algo que te ha hecho llorar.

PUEDES PENSAR

«No quiero que mi hija me vea así. ¿Quizá no debería llorar delante de ella?».

Tu hija tiende a verte como una «superheroína» que todo lo puede, por lo cual quizá te sientas avergonzada al mostrar tu lado vulnerable. Sin embargo, los niños aprenden comprensión emocional de sus principales cuidadores; por tanto, el hecho de que tu hija sea capaz de mostrarte su comprensión da idea de la educación empática que ha recibido de ti.

« »

EXPLÍCALE A TU HIJA QUE LLORAR AYUDA A QUE LA TRISTEZA SE VAYA Y DESPUÉS NOS SINTAMOS MEJOR.

¿QUÉ PIENSA ELLA?

«¿Por qué está tan triste mami? ¿He hecho algo mal?».

Cualquier niño puede sentirse alarmado al ver que sus padres, que son su roca emocional, están agobiados. Dado que los niños se ponen a sí mismos en el centro de cada situación, tu hija puede pensar que estás llorando por algo que ha hecho.

CÓMO REACCIONAR

En ese momento...

Sé abierta Llorar es una reacción normal y natural a un dolor emocional o físico. No te avergüences por llorar delante de tu hija, ni le digas que llorar es «de críos».

②

Habla de tus sentimientos Sin entrar demasiado en detalle, explica las razones principales por las que estás triste, empleando la expresión «me siento...», para que aprenda a responsabilizarse también de sus propios sentimientos. Por ejemplo: «Hoy me siento triste porque he discutido con un amigo, pero seguro que estaré mejor cuando hayamos jugado un rato».

Tranquilízala Ante todo, los niños quieren saber que están a salvo y que siempre van a cuidar de ellos y a quererles. Después de que te vea llorar, sonríe a tu hija y abrázala mucho. Déjale claro que no estás llorando por nada que haya dicho o hecho.

A largo plazo...

Fomenta la inteligencia emocional Ayuda a tu hija a desarrollar la inteligencia emocional mostrándole cómo pones nombre a tus sentimientos, como tristreza o frustración. Y que, cuando estás en un mal momento, buscas apoyo en los adultos que te rodean. Así, tu hija verá que hablar con los más próximos es un paso positivo para sentirse mejor.

Habla también de tus emociones positivas No hay emoción mala, pero tendemos a prestar más atención a las negativas. Habla también con tu hija de los momentos en que te sientes feliz. Le hará fijarse en las distintas emociones y apreciarlas, y ver que la vida consiste en una mezcla de sentimientos.

VER TEMAS RELACIONADOS
Quiero un abrazo: pp. 74-75
Dicen que soy un llorón: pp. 118-119

«¡Estoy muy enfadado!»

La ira es una emoción secundaria, y lleva tiempo aprender a controlarla. Con frecuencia la desencadenan sentimientos de frustración, miedo o tristeza. Hay niños que necesitan más ayuda para llegar a controlar su temperamento después de sufrir una decepción o frustración.

SITUACIÓN | **Tu hijo pierde los nervios cuando, después de estar esperando su turno en el columpio, otro niño lo ocupa al quedarse libre.**

ÉL DICE

«¡Estoy muy enfadado!».

PUEDES PENSAR

«¿Por qué pilla siempre estas rabietas? No es más que un columpio».

Todos los padres desean que las rabietas de su hijo vayan disminuyendo al hacerse mayor y que aprenda a controlar sus emociones cuando no se cumplen sus expectativas y deseos. Sin embargo, hay niños que nacen con un temperamento más exaltado y precisan más ayuda para percibir sus sentimientos negativos, aprender a afrontarlos y modificar su comportamiento.

Si tu hijo pierde los nervios con frecuencia, estarás en ascuas esperando el próximo berrinche. Quizá también te sientas apurado por miedo a que los demás piensen que tu hijo debería haber superado este comportamiento, o temas que los demás niños no quieran ser sus amigos por culpa de su mal humor.

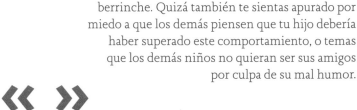

AYUDA A TU HIJO A DESCUBRIR LAS CAUSAS QUE DESENCADENAN SU IRA Y A CONTROLARLAS ANTES DE PERDER LOS NERVIOS.

CÓMO REACCIONAR

En ese momento...

①

Afróntalo como una rabieta Lo primero es ayudarle a calmarse de ese estado de hiperexcitación. Llévatelo a un sitio tranquilo, donde los demás no le vean, para que pueda recuperar el control de su pensamiento superior.

②

Mantén la calma Enfadarte con tu hijo porque está enfadado es como echar aceite al fuego. Mantén contacto visual y utiliza frases sencillas y cortas, como «todo va a salir bien» o «respira hondo». Ofrécele un abrazo. Dile que no es malo enfadarse, pero que tiene que controlar sus reacciones.

A largo plazo...

Haz que practique Inventa un juego para que se enfrente a situaciones que supongan un reto, como dejar que otros pasen antes en la cola o perder en un juego, y pídele que reaccione de diferentes formas. Comenta con él que estos enfados sin importancia nunca son el fin del mundo.

Ten a tu hijo con el depósito lleno Asegúrate de que tu hijo duerma bien, coma sano y a sus horas y haga ejercicio. De no hacerlo, estará sometiendo a estrés su sistema y será más fácil que salte.

Ayúdale a comprender sus sentimientos Haz que observe cómo se tensa su cuerpo cuando empieza a enfadarse y que se fije en las señales que necesita para alejarse de la situación. Ayúdale a visualizar su ira como un volcán, o fuegos artificiales a punto de estallar. Si ve la ira como algo externo a él, le resultará más fácil hablar de ello.

¿QUÉ PIENSA ÉL?

«No es justo que otro niño me quite el columpio. Me siento como un volcán a punto de estallar».

Tu hijo ya sabe que no debe reaccionar desproporcionadamente, pero está a merced de sus sentimientos y no sabe cómo parar. El sistema de alarma de su cerebro inferior se activa rápidamente y es muy sensible. Por eso, cuando las hormonas del estrés invaden su cuerpo, pierde los nervios antes de que se active el pensamiento racional. Lo que él quiere es sentirse a salvo y recuperar el control.

VER TEMAS RELACIONADOS

Tienes que hacerlo así: pp. 130-131
Me gusta: pp. 142-143

«Ahora voy»

Los niños son impulsivos por naturaleza: les lleva tiempo y práctica controlar sus acciones y no hacer lo primero que les viene a la cabeza. Sé paciente mientras tu hija aprende a poner en práctica «frenos mentales» antes de hacer algo que sabe que no debe.

SITUACIÓN | **Le has dicho a tu hija que no empiece a pintar hasta que se ponga el delantal, pero no te hace caso y se mancha la ropa.**

ELLA DICE

«Ahora voy».

PUEDES PENSAR

«¿Por qué no me hace caso cuando le pido que haga algo?».

Los niños aprenden autocontrol con tu ayuda y mucha práctica. Tu hija está aprendiendo que su comportamiento tiene consecuencias, pero manejar el control de los impulsos es un proceso lento. Aunque va mejorando, no puede ponerlo en práctica siempre, sobre todo si está nerviosa.

Cuando le dices expresamente a un niño que no haga algo puedes sentirte frustrado, porque parece desafiarte deliberadamente. Quizá te impacientes porque aún no sea capaz de cumplir unas normas claras y pienses que debería hacerlo mejor.

« »

LOS NIÑOS SON IMPULSIVOS POR NATURALEZA. AYÚDALES A MANTENER SU CURIOSIDAD NATURAL AL TIEMPO QUE APRENDEN A VIVIR CON NORMAS.

¿QUÉ PIENSA ELLA?

«Tengo tantas ganas de pintar que voy a empezar, aunque mamá me haya dicho que espere».

A esta edad, la parte de pensamiento y competencia del cerebro del niño está madurando continuamente. Se trata del «moderador» de su cerebro, que tiene la última palabra a la hora de hacer o no hacer algo. A veces, el ansia de hacer algo es tan grande que prevalece sobre la lógica o la razón, pero con el tiempo el «moderador» irá adquiriendo más control.

VER TEMAS RELACIONADOS

¡Yo sola!: pp. 28-29
¡Mira lo que he hecho!: pp. 76-77

CÓMO REACCIONAR

En ese momento...

1

Haz que tenga consecuencias Establece límites y explica tus razones. En vez de enfadarte cuando no los respete —lo que puede provocar una respuesta de lucha y huida en que le resultará difícil procesar lo que le estás diciendo—, haz que tenga consecuencias inmediatas y directas para que aprenda la relación causa-efecto. Por ejemplo: «No has esperado a ponerte el delantal, así que ahora tendrás que esperar aún más mientras te cambias de camiseta».

2

Repite la orden Si tu hija está distraída y no te está oyendo, comprueba que ha procesado lo que le has pedido: «Por favor, explícame lo que acabo de decirte».

A largo plazo...

Ten paciencia Los padres puede tener expectativas poco realistas de la habilidad de su hijo para controlar sus impulsos. En vez de sentirte frustrado o comparar a tu hija con otros niños que crees que se portan mejor, recuerda que hay niños con un carácter más impulsivo. Acepta que pueda necesitar más tiempo y práctica para controlar estos sentimientos.

Habla de cómo controlas tú los impulsos Muéstrale cómo ejercitas el autocontrol sobre tus decisiones y no te apresuras a hacer lo primero que se te ocurra. Dile, por ejemplo: «Me encantaría sentarme ahora a leer un libro, pero primero voy a limpiar la habitación para que sea más agradable sentarme aquí».

Explícale cómo funciona su cerebro Ayúdala a sentir que controla sus impulsos explicándole con sencillez cómo funciona su cerebro. Dile que tiene un «cerebro inferior» que la empuja a hacer enseguida todo lo que quiere y un «cerebro superior» que la ayuda a tomar decisiones más sensatas. Cuando no se precipita, puede utilizar el «cerebro superior».

«¿Puede sentarse también doña Jirafa?»

Muchos niños se divierten con juegos de simulación y hablan con sus muñecos o juguetes como si fueran reales. Casi el 40 por ciento llevan aún más allá este juego y crean un amigo invisible. Esto es más probable en el caso de los hijos únicos o cuando hay una gran diferencia de edad con los hermanos.

SITUACIÓN | Tu hija insiste en dejar sitio en la mesa a su amiga imaginaria a la hora de comer.

ELLA DICE

«¿Puede sentarse también doña Jirafa?».

PUEDES PENSAR

«¿Qué debo hacer? ¿Es normal que tenga un amigo imaginario?».

En su intento de encontrar aspectos de la vida en que pueda ejercer poder, tu hija puede pensar que es divertido tener amigos ficticios, porque puede jugar a lo que quiera y decidir lo que viene después.

Quizá te preocupe que la invención de un amigo imaginario signifique que tu hija está sola, pero es perfectamente normal. Tal amigo (ya sea invisible o un objeto personificado, como doña Jirafa) le da la oportunidad de ampliar su imaginación, hablar de sentimientos, superar temores y ejercer el control.

VER TEMAS RELACIONADOS
He perdido a mi osito: pp. 106-107
No he sido yo: pp. 122-123

¿QUÉ PIENSA ELLA?

«Me encanta jugar con ella. Y puedo echarle la culpa cuando me porto mal».

Tu hija sabe que su amigo existe solo en su mente, pero le gusta incorporarlo lo más posible a su mundo real. Y si eso significa tener un cómplice para las cosas que se supone que no debe hacer, aún mejor.

CÓMO REACCIONAR

En ese momento...

①

Síguele la corriente No regañes nunca a tu hija por inventarse un amigo, pero déjale claro que sabes que es imaginario. Pide, por ejemplo, que doña Jirafa coma en su habitación. Así sabrá que eres consciente de lo importante que es para ella, pero contribuirá a establecer un límite entre la vida real y la imaginaria.

②

No dejes que se convierta en su chivo expiatorio Si tu hija culpa a doña Jirafa de cosas que sabe que están mal, o dice que fue ella la que pide que las haga, a lo mejor la estás controlando con excesiva dureza (y tenga miedo de ser responsable). Piénsalo y sé más comprensivo.

A largo plazo...

Ayúdala a hacer amigos reales Además de tener a doña Jirafa como amiga, organiza reuniones para que pueda jugar con amigos reales, con toda la negociación, la transigencia y la diversión que ello implica.

Escucha Si prestas atención a las conversaciones con su amigo imaginario, puedes hacerte una idea de lo que se le pasa por la cabeza. Los niños pueden utilizar amigos imaginarios para hacer realidad necesidades insatisfechas o deseos que cuesta contarles a los adultos.

Recuerda que es una etapa La mayoría de los amigos imaginarios pierden aceptación a los 7 u 8 años, cuando también decae el juego de simulación. Pese a la intensidad de estas relaciones, muchos niños las olvidan al hacerse mayores.

Mudarse de casa

Para los niños pequeños, la casa es todo su mundo, así que puede abrumarles ver cómo la desmantelan. Si ves este cambio a través de los ojos de tu hijo, hay muchas cosas que puedes hacer para ayudarle a adaptarse antes.

Es frecuente oír que una mudanza es una de las experiencias más estresantes de la vida. Mientras que algunos niños lo verán todo como una aventura —en función de la edad, el carácter y las circunstancias—, para otros dejar su vieja casa será una pérdida de todo lo que conocen hasta ese momento.

Aunque se les explique, los niños también pueden sentirse confusos por lo que está ocurriendo. Por ejemplo, quizá no sepan que pueden llevarse sus pertenencias y que sus mascotas también van. También pueden sentirse ansiosos al ver que objetos familiares con los que han crecido —entre ellos los juguetes— desaparecen en enormes cajas. Los niños mayores, por su parte, temerán incorporarse a un nuevo colegio y hacer nuevos amigos. Dedicar tiempo a ayudar a tu hijo a comprender lo que debe esperar, facilitará el cambio a toda la familia.

« »

DÉJALE CLARO QUE UN HOGAR NO ES UNA CASA, SINO EL AMOR QUE HAY EN SU INTERIOR.

1
Prepárale para el cambio
Lleva a tu hijo a dar una vuelta por vuestra nueva casa y déjale claro que el cambio es permanente. Explícale el proceso para que comprenda que no os vais de vacaciones, sino que os marcháis de un sitio para ir a vivir a otro.

4
Déjale que haga planes
Para que tu hijo se sienta más cómodo en su nueva casa, déjale que haga cuantas sugerencias quiera acerca de cómo hacerla más acogedora, ya sea eligiendo el color de su nueva habitación o pensando en un nombre divertido para vuestro nuevo hogar.

6
Busca un cuidador para ese día
Una mudanza es estresante para cualquiera, así que pide a un amigo o familiar que se quede con él ese día. De lo contrario, puede sentirse al margen porque estás ocupado.

IDEAS PRÁCTICAS

8 pautas básicas

2
Explica por qué embaláis todo
Si empiezas a poner las cosas de los niños en cajas, pueden pensar que están desapareciendo o que las vas a tirar. Explica que simplemente las estás empaquetando con cuidado para la mudanza y que pronto volverán a verlas.

3
Pídele que te ayude
Sea cual sea su edad, los niños sienten que mudarse de casa es una decisión de los adultos. Ayuda a tu hija a sentirse más partícipe en la mudanza pidiéndole, por ejemplo, que ponga sus cosas preferidas en una caja especial. Deja que dibuje o escriba en las cajas para que esté entretenida e indique lo que va dentro.

5
Embala sus cosas lo último y sácalas lo primero
Tener un sitio seguro con todas sus cosas en la nueva casa ayudará a tu hijo a sentirse más confiado. Mete sus cajas lo último en el camión de la mudanza para poder tenerlas bien a mano cuando lleguéis.

7
Sé optimista
Aunque los cambios familiares se deban a una pérdida de trabajo o a una separación, sé optimista. Los niños captan y se preocupan por los sentimientos de los padres. Si tú estás listo para ver el lado bueno, ellos también lo estarán.

8
Cíñete a una rutina
Tu hijo necesita que todo sea previsible para sentirse en casa. Sigue la rutina habitual de baño y hora de acostarse en cuanto lleguéis a la nueva casa. Tu hijo comprenderá que, cambie lo que cambie, siempre puede confiar en que esas cosas no lo harán.

2-3 AÑOS

El momento oportuno
Da explicaciones lo más tarde que puedas, pero antes de empezar a embalar; así tu hijo no vivirá con la incertidumbre demasiado tiempo.

No le sobrecargues
Retrasa otros cambios estresantes, como aprender a ir al baño, hasta que el niño se haya tranquilizado. Sé comprensivo si hay retrocesos, por ejemplo, que vuelva a pedir el biberón.

4-5 AÑOS

Representa la escena
Ayuda a tu hijo a comprender el cambio jugando con camiones de juguete, casas de muñecas o cajas de zapatos que representen la casa vieja y la nueva.

Libros para explicarles
Existen libros escritos para niños sobre el cambio de casa que pueden ayudarles a comprender el proceso.

6-7 AÑOS

Lo mismo pero diferente
Si tu hijo tiene que cambiar de colegio, llévale antes a que lo vea. Insiste en que aprenderá lo mismo, así no tendrá que volver a empezar desde el principio.

Nuevos amigos
Ponte en contacto con el colegio para que pueda quedar a jugar con otros niños de su clase y así esté menos nervioso el primer día.

«Me encanta estar contigo»

Nadie es más importante para tu hija que tú, y nunca se siente más segura que cuando disfruta de toda tu atención. Esos momentos de unión, tranquila y sin distracciones, pueden convertirse en algunos de vuestros momentos más preciados.

SITUACIÓN | **Tu hija y tú vais andando juntas de la mano.**

ELLA DICE

«Me encanta estar contigo».

Tu hija tiene un instinto biológico para que cuiden de ella. Cuando se satisface esta necesidad, crea un vínculo seguro. Hasta ahora, tu hija ha demostrado que se siente a salvo contigo pidiendo abrazos. Ahora reconoce lo que significa el amor por las muchas veces que te lo ha oído decírselo, y es lo bastante mayor para expresarte este sentimiento a ti.

VER TEMAS RELACIONADOS
Siempre estás ocupada: pp. 108-109
Me lo prometiste: pp. 148-149

PUEDES PENSAR

«Estamos compartiendo un rato estupendo. En esto consiste educar».

¿QUÉ PIENSA ELLA?

«Me siento protegida y feliz. Me siento bien cuando mami pasa tiempo conmigo».

Estar físicamente muy cerca de ti es un instinto natural de tu hija, antes de que aprenda a ser más independiente. A veces puede resultar difícil ser el centro de su mundo, pero el hecho de que quiera estar tan cerca de ti es síntoma de una unión firme.

Por muchas cosas que tu hija haga ahora para mostrar su independencia, aún necesita pasar tiempo contigo agarrándote de la mano. Estos momentos tiernos también liberan en su cerebro opiáceos que le hacen sentir bien y estrechan vuestro vínculo.

CÓMO REACCIONAR

En ese momento...

Reacciona con cariño Respóndele con las mismas palabras cariñosas para que sepa que aprecias su espontáneo arranque de emoción. No reacciones en tono de broma o sarcástico, porque puede sentirse avergonzada de expresar sus sentimientos más sinceros.

Bríndale toda tu atención Cuando estés con tu hija, dedícate a ella al cien por cien y resiste la tentación de utilizar el móvil. De lo contrario, pensará que hay otras personas más importantes que ella.

③

Comentad los sentimientos positivos Dile que te has dado cuenta de que está contenta; así verá que no solo prestas atención cuando está enfadada. Cuando veas que sonríe y se divierte, díselo: «Me encanta que te lo pases bien».

A largo plazo...

Mírala a los ojos Cuando tu hija te pida un abrazo o jugar con ella, mírala para que sepa que la escuchas. Te está diciendo que te quiere al compartir sus emociones y juegos, así que sé cariñosa en esos momentos.

Crea oportunidades Los padres están más ocupados que nunca; por ello, sé consciente de la necesidad de ese tiempo tranquilo con tu hija. Esto posibilitará esos intensos momentos emotivos en que ella se siente más unida a ti.

«¿Por qué el cielo es azul?»

Conforme los niños van conociendo el mundo, tratan de dar sentido a lo que descubren. El modo en que reacciones ante sus interminables preguntas puede ayudarles a moldear una comprensión más amplia y a fomentar su curiosidad.

SITUACIÓN | **Tu hijo no deja de hacerte preguntas sobre cómo es el mundo, mientras tú intentas terminar de hacer la comida.**

ÉL DICE

«¿Por qué el cielo es azul?».

PUEDES PENSAR

«Me está volviendo loco. No sé todas las respuestas. ¿Se acabará esto algún día?».

A esta edad, el cerebro de los niños es el doble de activo que el de los adultos, y tu hijo dispone ya de un vocabulario de más de 2.000 palabras. Esto amplía su habilidad para preguntar y significa que puede preguntarte una media de 76 preguntas a la hora. Supone que tú tienes respuesta para todo.

Enfrentarse a un bombardeo de preguntas inconexas puede resultar agotador. Aunque los padres quieran ampliar la curiosidad del niño, este interrogatorio puede resultar exasperante. Está bien decir que no sabes y que te gustaría que lo descubrierais juntos.

CUANDO LOS NIÑOS INSISTEN EN INDAGAR EL PORQUÉ DE TODO, TU PACIENCIA Y TU ESTÍMULO FOMENTARÁN SU AMOR POR EL CONOCIMIENTO PARA TODA LA VIDA.

CÓMO REACCIONAR

En ese momento...

1

Deja un instante lo que estás haciendo y escucha
A menudo los niños siguen preguntando lo mismo
si no obtienen una respuesta que satisfaga su
curiosidad. La respuesta no tiene por qué ser
complicada. Por ejemplo, si tu hijo pregunta
«¿Por qué hay perros con mucho pelo?», puedes
contestar «Así están calentitos».

2

Acepta sus preguntas Cuando respondas a tu hijo,
hazlo en un tono alentador que le demuestre
que realmente quieres ayudarle a comprender,
no que prefieres que se calle. Elogia su deseo
de aprender.

Descubre por qué pregunta Hay estudios
que demuestran que la mayoría de las veces los niños
realmente quieren saber, pero si crees que tu hijo
pregunta para evitar hacer algo que no quiere,
como ordenar sus cosas, respóndele:
«Buena pregunta. Te contestaré cuando hayas
ordenado las piezas del puzle».

A largo plazo...

Agranda su mente Si tu hijo pregunta por el color
del cielo, pregúntale por qué cree que es de ese
color. Aunque solo sean conjeturas, hará que su
mente trabaje más activamente.

Explícale que no todo tiene respuesta Si tu hijo
hace preguntas más serias, como «¿Qué pasa cuando
morimos?» o «¿Existen los extraterrestres?», dile que
hay diferentes opiniones, y que a veces no hay
respuestas «correctas».

¿QUÉ PIENSA ÉL?

«Estoy aprendiendo muchas cosas nuevas. Solo quiero saber aún más».

El mundo es un lugar increíble y los niños
quieren descubrir aún más. El cerebro de tu hijo está
tratando de unir los puntos que conectan lo que ya
sabe. Esta curiosidad le ayuda a crear circuitos
neuronales, por lo que las respuestas contribuyen
activamente a construir conexiones en su cerebro.
A esta edad también descubren la reciprocidad de la
conversación.

VER TEMAS RELACIONADOS
Cuando era pequeño...: pp. 94-95

«No te he oído»

Una de las mayores frustraciones de los padres es la cantidad de veces que tienes que repetir lo mismo para que tu hijo te haga caso. Cambiar el modo en que pides a tu hija que haga las cosas puede hacer que colabore, sin gritar ni enfadarte.

SITUACIÓN | **La cena está lista, pero, aunque la has llamado varias veces para que entre, tu hija sigue en el jardín.**

ELLA DICE

«No te he oído».

PUEDES PENSAR

«Estoy cansado de regañar. Solo oye cuando quiere».

A esta edad, los niños tienden a concentrarse en una única actividad a la vez. Cuando tu hija está absorta, su cerebro prescinde de todo lo que no guarde relación directa con su actividad. Por tanto, aunque oiga tus gritos, no registrará su significado.

Quizá te parezca que tu hija te ignora a propósito y te enfades porque te está poniendo difícil tu labor de padre. A lo mejor te sientes menos frustrado si comprendes que es probable que tu hija necesite ayuda para desconectar de lo que está haciendo, o que debas expresarte con más claridad.

CUANDO TU HIJO NO ESCUCHE, NO GRITES MÁS FUERTE: BUSCA SU COLABORACIÓN.

VER TEMAS RELACIONADOS
Ahora voy: pp. 82-83
No quiero ordenar mis cosas: pp. 128-129

¿QUÉ PIENSA ELLA?

«*¡Qué bien me lo estoy pasando! Quiero seguir jugando*».

Aunque no esté totalmente absorta en su actividad, tu hija puede decidir no obedecer. También puede pensar que no tiene por qué reaccionar si tu orden suena como una pregunta. O, si te repites constantemente, pensará que no tiene que escuchar hasta que te enfades.

CÓMO REACCIONAR

En ese momento...

①

Sé claro En lugar de utilizar preguntas como «¿Puedes entrar ya, por favor?», que pueden hacerle pensar que puede elegir, dile sencillamente lo que quieres que haga. Di: «La cena está lista. Es hora de entrar».

②

Baja el tono Los gritos pueden hacer que el cerebro de tu hija entre en modo lucha o huida, y entonces es menos capaz de procesar lo que le estás diciendo y actuar en consecuencia. En vez de eso, emplea un tono de voz firme y tranquilo.

③

Utiliza el contacto visual Si sigue ignorándote, acércate a tu hija, baja a su altura y mírala a los ojos.

A largo plazo...

Busca su colaboración Evita criticar a tu hija por «no escuchar nunca». En lugar de eso, apela a su deseo de colaborar. Admite que quiera seguir jugando, pero explícale que también querrá cenar, o que más tarde va a tener hambre.

Empieza una cuenta atrás Si ves que tu hija se resiste, empieza la cuenta atrás para que sepa que ya va siendo hora de terminar. El aviso anticipado permitirá que se haga a la idea y facilitará la transición.

«Cuando era pequeño...»

Aunque los centros de la memoria del cerebro de tu hijo se estén desarrollando, puede que cuando sea más mayor no se acuerde de todos los hechos que ahora sí recuerda. Pero aunque olvide algunas cosas, estos recuerdos compartidos aumentarán su confianza y moldearán su visión del mundo.

SITUACIÓN | Tu hijo te sorprende recordando algo que sucedió el verano pasado durante las vacaciones, cuando tenía 3 años.

ÉL DICE

«*Cuando era pequeño...*».

PUEDES PENSAR

«*Pensé que lo habría olvidado ya*».

Puede que tu hijo recuerde esas vacaciones ahora, pero es poco probable que se siga acordando al hacerse mayor. Los investigadores han descubierto que los niños necesitan desarrollar más el lenguaje antes de poder almacenar permanentemente los recuerdos. Ahora solo recuerda episodios sin tener claro el contexto de dónde o cuándo ocurrieron, o de cómo se sentía en ese momento.

Los adultos olvidan muchos sucesos de sus primeros años; esta «amnesia infantil» es esencial para el desarrollo del cerebro. Disfruta de que tu hijo recuerde ahora estas experiencias agradables que habéis compartido: son vitales para que se sienta seguro y querido.

SI AYUDAS A TU HIJO A RECORDAR LOS MOMENTOS DIVIDIDOS, ASÍ COMO LOS RETOS, LE AYUDARÁS TAMBIÉN A APRENDER DEL PASADO Y DAR SENTIDO AL FUTURO.

CÓMO REACCIONAR

En ese momento...

①

Escucha sus recuerdos Presta atención y pregúntale más detalles. ¿Qué pensaba o sentía en ese momento? Esta interacción hace que se sienta importante y confirma el modo en que experimenta el mundo.

②

Completa sus lagunas A esta edad los niños suelen necesitar ayuda para recuperar los recuerdos. Enséñale fotos y cuéntale lo ocurrido como si fuera un cuento del que ha sido protagonista. De este modo, también aprenderá a secuenciar, capacidad que mejora el pensamiento lógico y la comprensión causa-efecto.

A largo plazo...

Haz que sea interesante Los niños tienden a recordar lo que les parece más interesante. Cuando rememores un suceso, insiste en los detalles más significativos, como «¿Te acuerdas de que fuimos a un sitio en el que había cuevas de piratas?», o «¿Y una gaviota te robó el helado?».

Sitúa los recuerdos en un contexto El cerebro humano tiende a enfatizar los recuerdos negativos. Si le ocurre así a tu hijo y habla, por ejemplo, de cuando se cayó de la bici en vacaciones, no se lo impidas, pero ayúdale a recordar también los momentos divertidos. Así construirá una imagen equilibrada del mundo.

Muéstrale todo lo que ha conseguido Habla con él de sus recuerdos para que esté orgulloso de lo que ya ha logrado. Si le haces ver que en vacaciones aún estaba aprendiendo a montar en bici y ahora ya sabe, le recordarás que es capaz de dominar nuevas habilidades.

¿QUÉ PIENSA ÉL?

«Soy una persona real porque soy capaz de recordar».

En general, cuanto mayor es tu hijo más puede recordar. Aunque sus recuerdos actuales puedan no ser permanentes, le ayudarán a formar su sentido del yo y conformarán su rol dentro de la familia. Aunque haya ocurrido el mes pasado, el niño dirá que sucedió «cuando era pequeño».

VER TEMAS RELACIONADOS
¿Estás triste, mami?: pp. 78-79
¿Por qué el cielo es azul?: pp. 90-91

«Me rindo»

La resiliencia es la habilidad de afrontar los retos y recuperarse de la decepción. Para desarrollar esta capacidad, tu hija tiene que averiguar de lo que es capaz mediante prueba y error, y descubrir que perseverar y aprender de los errores es la mejor manera de mejorar.

SITUACIÓN | Tu hija está tratando de pegar dos cajas para hacer una maqueta. Cuando no le sale, se enfada.

ELLA DICE

«Me rindo».

PUEDES PENSAR

«Tiene que aprender a seguir intentándolo, pero no me gusta verla enfadada».

Como padre, es natural que quieras proteger a tu hija de las dificultades y el estrés. Pero los niños necesitan tiempo y espacio para superar los retos y, por tanto, deben practicar sus habilidades para enfrentarse a los problemas y resolverlos sin que tú les «soluciones» sus dificultades.

Quizá quieras intervenir porque te resulta incómodo ver a tu hija agobiada y pretendas evitar que se desanime. Sin embargo, si la dejas que termine sola su proyecto, le transmitirás el mensaje de que tienes fe en que puede hacerlo sin ayuda.

VER TEMAS RELACIONADOS

¿Lo he hecho bien?: pp. 144-145
Lo quiero perfecto: pp. 152-153

¿QUÉ PIENSA ELLA?

«Si los mayores tienen que ayudarme será porque no puedo hacerlo sola».

 En lugar de disfrutar del proceso, tu hija cree que solo hay un modo de realizar su proyecto. Si insistes en intervenir, asumirá que la crees incapaz de valerse por sí misma. Necesitará espacio y práctica para desarrollar la perseverancia y seguir intentándolo.

CÓMO REACCIONAR

En ese momento...

①

Replantea su pensamiento Pídele a tu hija que utilice sus habilidades de resolución de problemas para pensar en otras formas de pegar las cajas entre sí. O sugiérele que use su creatividad para idear la manera de convertir la maqueta que tiene en mente en otra diferente. Valora sus esfuerzos diciendo: «Sé que te estás esforzando por conseguirlo».

②

Hazle ver lo lejos que ha llegado Recuérdale las cosas que no era capaz de hacer de pequeña y sí sabe hacer ahora, por ejemplo dibujar. Dile que, con practica, también mejorarán sus proyectos artísticos.

A largo plazo...

No seas un obstáculo Los padres que están siempre encima de sus hijos y se adelantan a solucionar sus problemas les hacen creer que no pueden hacer las cosas por sí solos. Da un paso atrás.

Dale muchas oportunidades para jugar libre Los niños aprenden a tener confianza sintiéndose competentes. A esta edad, esto se consigue proporcionando a tu hija mucho juego práctico que pueda hacer por sí sola. Así descubrirá de lo que es capaz.

Estimula los pasos en la dirección correcta Elogia a tu hija para que vea que te das cuenta de los pequeños progresos que está haciendo para aprender nuevas habilidades. Alaba su flexibilidad y perseverancia; así no sentirá que ha fallado si no logra el resultado «perfecto».

«Me da miedo la oscuridad»

Dado que la imaginación del niño se va despertando y cada vez es más consciente del ancho mundo que le rodea, entre los 4 y los 5 años tu hijo empieza a sentir temores que para ti, como adulto, no tendrán mucho sentido. Uno de los más comunes es el miedo a la oscuridad.

SITUACIÓN | Tu hijo no quiere irse a la cama porque tiene miedo cuando se apagan las luces.

ÉL DICE

«Me da miedo la oscuridad».

PUEDES PENSAR

«No hay de qué tener miedo. Son excusas para no irse a la cama y llamar la atención».

El miedo a la oscuridad afecta a la mitad de los niños de esta edad. Aunque esto ya no sirve de ayuda a los padres de hoy en día, este temor desempeñó en otro tiempo un útil papel evolutivo: a una edad en que se despierta la curiosidad de los niños y su capacidad física para explorar, evita que salgan fuera por la noche y se pierdan o, lo que es peor, que se los coma un depredador.

Normalmente, esta temible fase desaparece en unos meses. Por tanto, evita ignorar los miedos de tu hijo pensando que quiere llamar la atención. Si los ignoras o los recibes con rabia o frustración, puede que se asuste más aún.

« »

LOS NIÑOS PUEDEN APRENDER A CONTROLAR SU MIEDO A LO DESCONOCIDO Y TRANQUILIZARSE SI LOS ADULTOS LES ENSEÑAN CÓMO HACERLO.

¿QUÉ PIENSA ÉL?

«Si necesito a mamá o a papá, no podré encontrarles en la oscuridad».

Para tu hijo, la oscuridad es como un gran agujero que puede tragárselo. Su temor es real, porque la oscuridad significa que no puede ver los objetos familiares o el entorno que le hace sentirse a salvo. Más aún, la ansiedad le hace estar atento a cualquier crujido de la casa o a los ruidos del exterior.

CÓMO REACCIONAR

En ese momento...

①

Pregúntale Descubre qué le asusta en concreto. Consigue que te diga cómo se siente. Resume lo que te cuente y repíteselo para que sepa que lo has entendido. Si traduce en palabras sus miedos, sentirá que los controla más.

②

Su habitación debe ser su refugio Tu hijo debe sentir que su habitación es un lugar seguro, así que no le mandes nunca ahí como castigo. Una rutina regular a la hora de dormir crea certeza de lo que viene después cuando se apagan las luces. Mantén la puerta abierta para que no haya barreras entre él y tú. Esto le dará más seguridad.

③

Cambia las luces Compra una lamparita, a ser posible con la forma de un animal que le guste, para que le dé seguridad y aporte una luz suave y cálida a la habitación; así verá objetos familiares a su alrededor y se tranquilizará.

A largo plazo...

Vigila lo que ve ¿Ha visto tu hijo jugar a sus hermanos o amigos mayores con videojuegos, o ha visto películas de miedo, o escuchado historias de fantasmas que puedan alimentar sus temores? A veces, a esta edad, una simple imagen de las noticias basta para provocar miedos.

Ayúdale a cambiar la historia En otros momentos del día, no antes de dormir, léele un cuento en el que él sea el protagonista que supera un temor, por ejemplo un monstruo o la oscuridad. Busca un cuento que pueda ayudarle a procesar los miedos durante las horas del día.

◄ VER TEMAS RELACIONADOS ►

Problemas de sueño: pp. 62-63
He tenido una pesadilla: pp. 120-121

«Se lo estoy diciendo»

Los padres tratan de animar a los niños a distinguir entre lo que está bien y lo que está mal. Sin embargo, algunos niños buscan destacar haciendo cumplir las normas, y no entienden lo impopulares que son los chivatos entre sus iguales.

SITUACIÓN | **Tu hija acude a ti para quejarse de que su amiga no pone la tapa al pegamento mientras hacen manualidades.**

ELLA DICE

«Se lo estoy diciendo».

A esta edad, tu hija ha aprendido lo que está bien y lo que está mal de ti y de otros adultos. También busca tu aprobación, y cree que una de las mejores maneras de conseguirlo es demostrarte que conoce las normas y las hace cumplir en tu nombre.

« »

PUEDES AYUDAR A TU HIJA A DESARROLLAR EL CRITERIO DE SABER CUÁNDO PEDIR AYUDA A UN ADULTO Y CUÁNDO DEJAR QUE DECIDAN SUS IGUALES.

PUEDES PENSAR

«¿Por qué es tan chivata con estas pequeñeces? No será muy popular si sigue haciéndolo».

Quizá no sepas cómo reaccionar.
Por un lado te agradará que tu hija asuma tus normas, pero, por otro, te sentirás molesto de que recurra a ti todo el tiempo para que hagas de árbitro. También puede que te preocupe, pues sabes cuánto puede fastidiar eso a los demás niños.

¿QUÉ PIENSA ELLA?

«Estoy ayudando a los mayores si les aviso cuando los demás no hacen lo que a mí me han dicho».

Es posible que tu hija quiera tu aprobación o tu atención. También puede que quiera vengarse de su compañero de juegos por no querer jugar según sus reglas y piense que haciendo intervenir a un adulto se saldrá con la suya. Quizá sea muy puntillosa en lo referente a las normas o no sepa qué hacer cuando su juego con otro niño no va bien.

CÓMO REACCIONAR

En ese momento...

Comprende sus motivos ¿Está preocupada con razón porque se ha roto una norma o te lo dice para conseguir tu atención y tu aprobación? Si sospechas que es esto último, díselo: «Me interesa más lo que estás haciendo tú».

②

Explícale la diferencia entre venir con el cuento y contar Dile que venir con el cuento es cuando quieres que al otro niño le regañen. Contar es decir que el otro niño está haciendo algo que puede ser peligroso para él o para los demás.

Ayúdala a sacar conclusiones Sugiérele que se pregunte siempre a sí misma: «¿Alguien corre peligro? ¿Alguien está llorando?». Si la respuesta es no, dile que tiene que dejar que los otros niños aprendan a comportarse por sí solos.

A largo plazo...

No premies al que se chiva Si premias a tu hija regañando inmediatamente al otro niño, sobre todo en las discusiones entre hermanos, aprenderá que chivarse da resultado y lo hará más a menudo.

Ayúdala a verse como la ven los demás
Explícale que los demás niños no querrán jugar con ella si les preocupa que luego hable de ellos. Ayúdala a discernir cuándo es apropiado pedir la intervención de un adulto. Por ejemplo, ¿debe pedir ayuda cuando hay una pelea sobre quién va a hacer de unicornio en el juego, o cuando su amigo se ha hecho una herida en la rodilla?

VER TEMAS RELACIONADOS
Dicen que soy un llorón: pp. 118-119
No te invito a mi cumpleaños: pp. 132-133

Viajes en coche

Viajar puede ser aburrido y difícil para los niños: que se estén quietos cuando están tan llenos de energía es mucho pedir. Pero si comprendes esta etapa de su desarrollo, viajar puede resultar un momento agradable para todos.

Los niños pequeños no comprenden el concepto abstracto de tiempo –o cuánto dura una hora–, lo que lleva al repetitivo y exasperante «¿Cuándo llegamos?». Tampoco entienden aún el tiempo y la distancia, por lo que se sentirán frustrados cuando no sepan cuánto tiempo tendrán que permanecer sentados en un asiento tan estrecho.

Con todo, en lugar de pensar que son un tormento, los largos viajes en coche son una gran oportunidad para que padres e hijos se relajen y diviertan.

Dicho esto, como aún están aprendiendo el control de sus impulsos y paciencia, es optimista pensar que todos los viajes vayan a estar libres de problemas. Añade los hermanos a la ecuación, y la agitación y las peleas podrán desatarse en cualquier momento. Por ello, estar bien preparado reducirá el estrés y hará los viajes más placenteros.

1

Prepara juegos y tentempiés

Antes de un largo viaje, pregúntale a tu hijo qué quiere llevarse para pasar el rato: puede ser un CD con sus cuentos o canciones preferidas, cuadernos de actividades o cartas.

4

Háblales del cinturón de seguridad

Algunos niños odian sentirse presos del cinturón, pero en esto no se puede transigir. Explícales que el cinturón les da seguridad en caso de accidente. Puede ayudar que los niños jueguen antes a que van en coche y les explican a sus juguetes por qué deben ponerse el cinturón.

6

No dependas solo de los dispositivos electrónicos

Si crees que pueden ser útiles, lo más prudente es establecer límites. Si no, tu hijo pensará que puede entretenerse siempre con las maquinitas, incluso en viajes cortos. Decídelo antes y dile que le dejarás ver una película o un capítulo de una serie en algún momento del viaje.

IDEAS PRÁCTICAS

8 pautas básicas

2

Formad un frente unido

Como pareja, acordad antes cómo queréis afrontar los problemas habituales, como las peleas entre hermanos o el uso de dispositivos. Limad antes las diferencias, porque para los niños, ver tan de cerca las peleas entre los padres es alarmante.

3

Interactúa con los niños

Considera el viaje como una ocasión de estar juntos y charlar, en vez de ignorar a los niños hasta que se aburran y empiecen a protestar. Para que el viaje se haga más corto, jugad, por ejemplo, al *Veo veo*, a buscar números de matrícula, colores o nubes con formas curiosas.

5

Ocúpate de los hermanos por separado

Si las peleas van a más, para y soluciónalo. Escucha a cada niño y pregúntales qué hacer para que el resto del viaje vaya mejor. Si cuentas con la ayuda de un adulto, llevaos cada uno a un niño para que se relajen. De vuelta al coche, coloca una barrera entre ellos para que mantengan las distancias.

7

Delimita el tiempo de forma sencilla

Dependiendo de la edad del niño, su comprensión del tiempo puede ser limitada. Por tanto, dale referencias sobre el viaje que pueda entender, por ejemplo «Llegaremos después de comer» o «... cuando se acabe el campo y empiece la ciudad».

8

Anticípate a los mareos

Los niños pueden marearse si no miran por la ventana o, si son mayores, fijan su atención en un libro o una tableta. Los mareos se producen cuando el oído interno siente el movimiento, pero los ojos y el cuerpo no, y provocan nauseas. Anima al niño a que mire por la ventana y distráele con juegos y cuentos.

2-3
AÑOS

Pijamas listos
Si tienes por delante un largo viaje en coche, plantéate salir al atardecer para que los niños puedan dormir un buen rato.

Pausas con frecuencia
Busca dónde parar por el camino: parques, estaciones de servicio o zonas infantiles.

4-5
AÑOS

Pegatinas «¿Cuándo llegamos?»
Jugad a ver cuántas veces puede resistir la tentación de preguntar «¿Cuándo llegamos?». Empieza con una página de pegatinas. Cada vez que pregunte, despega una y ponla en un tablero donde pueda verlo. Se trata de conservar el mayor número de pegatinas al final del viaje.

Hilo musical
A los niños de esta edad les chifla mostrar lo que saben. Pon sus canciones favoritas y luego para la música para que las terminen ellos.

6-7
AÑOS

Leer mapas
Tu hijo tiene ya la comprensión espacial como para seguir un mapa. Para que el viaje resulte más fácil, dale un mapa que te sobre y anímale a que siga la ruta con el dedo. Esto le dará una sensación de control sobre dónde va y descubrir hasta dónde habéis llegado.

«La quieres más a ella»

La rivalidad entre hermanos es parte de la vida familiar. No es posible evitarla por completo, porque los niños sienten una necesidad primitiva de asegurarse el cuidado y la protección de sus padres. Comprender por qué discuten los niños te ayudará a reaccionar bien y a minimizar el conflicto.

SITUACIÓN | **Cuando tu hija no se sale con la suya a la hora de decidir qué película ver, dice que quieres más a su hermana.**

Los celos y la rivalidad se prolongan a lo largo de la infancia, y los niños nunca los superan del todo, así que los padres deben procurar no fomentarlos. La rivalidad entre hermanos puede presentar distintas formas:

⦾ La lucha por tu atención se origina en el instinto natural de asegurarse alimento o protección. En el núcleo de la rivalidad está el hecho de que los hermanos y hermanas quieren captar todo el amor de sus padres.

⦾ La lucha por el poder suele deberse a que los más pequeños son menos capaces de compartir que los mayores. Además, los niños están programados para buscar la novedad, por lo que las posesiones del hermano son interesantes. Los niños mayores también pueden estar desahogándose por frustración, vengándose para captar tu atención o imponiendo su dominancia.

En la página siguiente hay consejos para detectar las señales de alarma, comprender los desencadenantes y reaccionar mejor.

───── VER TEMAS RELACIONADOS ─────

La odio: pp. 110-111
Yo no quería un hermanito: pp. 114-115

LA RIVALIDAD ENTRE HERMANOS ES UN BUEN CAMPO DE PRUEBAS PARA APRENDER A RESOLVER CONFLICTOS.

EL CAMINO A SEGUIR

Evaluar la rivalidad entre hermanos

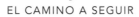

LUCHA POR TU ATENCIÓN

INDICIOS

Saltar sobre ti o manifestar un comportamiento negativo cuando estás con el otro hijo.

Acusarte de favoritismo y decir que quieres más al otro hijo.

Preguntarte a quién quieres más.

DESENCADENANTES

La hora de dormir, cuando al niño mayor se le permite acostarse más tarde.

Peleas sobre quién se sienta a tu lado a la hora de comer.

Momentos en que estás ocupado con el otro hermano.

Escuchar halagos hacia su hermano.

Sentirse defraudado a la hora de irse a dormir.

REACCIÓN

1. **Acepta sus celos** y dile que comprendes que los sienta, en vez de pasarlo por alto o decirle que no tiene motivos para ello.

2. **Di que quieres a tus hijos por lo que son:** dile que es única y que la quieres tal y como es.

3. **Dedícale el tiempo que necesite** y explícale por qué en ciertos momentos su hermano puede necesitarte más que ella, por ejemplo cuando está enfermo.

4. **Reserva el mismo tiempo especial para cada hijo** con papá y con mamá cada día.

5. **No compares:** aunque estés elogiando a su hermano positivamente, pueden recibir el mensaje de que existe una competición entre ellos.

LUCHA POR LA PROPIEDAD

INDICIOS

Tira y afloja con el hermano y arrebatarle sus juguetes y posesiones.

Peleas físicas y juego con destrozos.

Utilizar las posesiones de los demás sin permiso.

DESENCADENANTES

Aburrimiento.

Deseo de ejercer el poder.

Celos del hermano y deseo de venganza.

Deseo de controlar la forma de jugar.

Frustración que desemboca en impulsos destructivos.

REACCIÓN

1. **No intentes identificar al agresor,** pues un niño pensará que ha perdido y el otro ha ganado, lo que desencadenará más hostilidad entre ellos.

2. **Pregúntales si se les ocurre** cómo solucionar el conflicto. Si es así, elógialo.

3. **Fomenta juegos de equipo,** pues los niños se unirán más si tienen un objetivo común, por ejemplo construir un fuerte.

4. **Proporciónales un espacio propio** donde poner los juguetes que no quieren compartir.

5. **Convoca reuniones familiares periódicas.** En ellas, asegúrate de que los niños se sienten escuchados dejándoles expresar sus sentimientos sobre lo que les molesta.

«He perdido a mi osito»

Ahora tu hijo ya sabe que es una persona independiente de ti, su padre. Pero aún puede necesitar la seguridad extra de un objeto, como un animal de peluche o una manta, que le consuelen cuando tú no estás con él.

SITUACIÓN | Pretendes salir de casa, pero tu hijo se niega a ir porque no encuentra su peluche favorito.

ÉL DICE

«He perdido a mi osito».

PUEDES PENSAR

«Tenemos que marcharnos ya. ¿No es hora de que pierda la costumbre de tener un osito?».

Entre los 8 meses y el año, tu hijo empieza a comprender que no puedes estar siempre con él. Para llenar este vacío, adopta un juguete favorito o un objeto. Su osito es especial para tu hijo porque puede estar siempre con él.

Por muy frustrante que pueda resultar esta situación, el osito es una parte importante de su desarrollo, y muestra que está buscando formas de consuelo. Zanjar su necesidad del osito antes de que esté preparado puede hacer que se aferre a él aún más.

LOS NIÑOS BUSCAN CONSUELO EN SU DEPENDENCIA DE JUGUETES ESPECIALES.

¿QUÉ PIENSA ÉL?

«Siempre he tenido a mi osito. Con él me siento a salvo».

El hecho de que tu hijo esté tan unido a su osito no indica inseguridad ni debilidad. Por el contrario, el osito es un compañero que le ayuda a realizar la transición de la dependencia a la independencia, dándole seguridad cuando se va a la cama o se enfrenta a situaciones nuevas.

VER TEMAS RELACIONADOS
¿Puede sentarse también doña Jirafa?: pp. 84-85
Me da miedo la oscuridad: pp. 98-99

CÓMO REACCIONAR

En ese momento...

1

Dile que le entiendes Cuando el osito se pierda, dile con calma que sabes que es importante y que tendrá tiempo de buscarlo cuando vuelva. Dile que esté tranquilo, que el osito estará bien mientras tanto.

2

Establece límites Si sientes que tu hijo está utilizando su peluche como excusa para no salir de casa, déjale claro que tenéis que marcharos y que tendrá más tiempo para buscarlo el volver.

3

Distráele Si tu hijo está enfadado porque se tiene que marchar sin su osito, distráele con conversación, canciones y juegos. Ayuda a tu hijo a tener pensamientos positivos, como «Soy fuerte» o «Puedo hacerlo» para demostrarle que sigue siendo fuerte sin su osito.

A largo plazo...

Ten un doble Si tu hijo se lleva a su osito a todas partes, siempre existe el riesgo de que se pierda. Compra una copia idéntica por si se pierde y así tener un sustituto cuando haya que lavarlo. Cambia uno por otro de vez en cuando para que parezcan el mismo y huelan igual.

Poco a poco Muchos niños abandonan su dependencia de los objetos por sí solos en torno a los 6 años, porque empiezan a pensar que es de críos. Si crees que tu hijo necesita ayuda para hacerlo solo, sugiérele que en casa utilice solo a su osito a la hora de dormir. O, si su objeto de seguridad es una manta, mira a ver si te deja cortarla en trocitos que pueda llevar en el bolsillo.

«Siempre estás ocupada»

Los niños deletrean AMOR con las letras de T.I.E.M.P.O. Por tanto, si tu hija siente que estás demasiado ocupada para dedicarle tu atención total, puede acabar sintiéndose rechazada. La diferencia radica en pasar juntas tiempo de calidad y dedicarle tu atención plena.

SITUACIÓN | Tu hija te pide que vayas a jugar con ella, pero tienes que hacer la compra por internet.

ELLA DICE

«Siempre estás ocupada».

PUEDES PENSAR

«Me siento culpable por no jugar con ella, pero tengo mucho que hacer».

En cuanto los niños entran en nuestra vida, exigen una extraordinaria cantidad de tiempo y esfuerzo, por lo que puede resultar difícil darles el tiempo que ellos y tú querríais. Pero si no disfrutáis juntos de suficiente tiempo de calidad, tu hija puede sentir que no es importante para ti.

En esos momentos, sentirás presión y estrés emocional a un tiempo. Quizá también te sientas culpable y, por ello, agobiada. Cuando te sientes desbordada, puedes perder la empatía y enfadarte con tu hija.

EDUCAR A UN HIJO NO ES UNA TAREA FÁCIL, SI ESTÁS AGOTADA PIDE AYUDA A TU PAREJA O A LA FAMILIA.

CÓMO REACCIONAR

En ese momento...

1

Explica por qué Enséñale a tu hija lo que estás haciendo y explícale por qué es por el bien de toda la familia; así comprenderá por qué no puedes jugar con ella justo en ese momento.

2

Dedícale un tiempo Establece un tiempo específico para jugar juntas cuando hayas terminado. Mientras tanto, pídele que planee una actividad que a ambas os apetezca y que os comprometáis a cumplir.

A largo plazo...

Reserva un rato diario a solas con ella
Solo 15 minutos al día en los que tu hija decida dónde ir juntas le enviarán el mensaje de que ella es tu prioridad. Haz que este tiempo especial sea regular, previsible y sin móvil, para que tenga la certeza de que siempre tienes ese rato para ella.

No dejes que piense que el móvil o el ordenador son más interesantes Cuando los padres están demasiado pendientes de los dispositivos electrónicos, los niños pueden sentirse rechazados. Trata de utilizar los tuyos lo menos posible cuanto estés con tu hija.

Reduce tu sobrecarga Observa los indicios de que empiezas a estar desbordada, como sentir mal humor o rencor por todo lo que tienes que hacer. Busca ocasiones para recargar las pilas, reservando tiempo para ti con un libro, un baño o una reunión con amigos.

¿QUÉ PIENSA ELLA?

« ¿Por qué piensa mamá que hay otras tareas más importantes? Estoy triste».

A esta edad, tu hija cree que tú decides qué hacer con tu tiempo. Aún no comprende del todo que tienes otras tareas que cumplir aparte de ser padre, así que puede pensar que eliges no jugar con ella. Además, tus emociones son muy contagiosas y ella «capta» tu estrés. Esto puede traducirse en estallidos emocionales, rabia o incluso introversión.

VER TEMAS RELACIONADOS
¡Mira lo que he hecho!: pp. 76-77
Me encanta estar contigo: pp. 88-89

«La odio»

Los hermanos están programados para competir por tu amor y tu atención. Si a esto añadimos la gran cercanía entre ellos y el hecho de que aún están aprendiendo a controlar sus emociones e impulsos, no es raro que, a veces, tu casa parezca un campo de batalla.

SITUACIÓN | **Tu hijo pequeño dice que odia a su hermana de 7 años, porque esta lo ha echado de su habitación por «pesado».**

ÉL DICE

«la odio».

Aunque estos sentimientos extremos resultan perturbadores, es normal que tu hijo experimente una mezcla de emociones sobre su hermano. Las relaciones entre hermanos suelen ser las más hostiles, porque hay mucho por lo que pelear, incluido el amor de los padres. También suelen ser los conflictos infantiles más agresivos, ya que los hermanos pasan mucho tiempo juntos y son objetivo fácil de sus frustraciones.

« »

LAS RELACIONES ENTRE HERMANOS ENSEÑAN APTITUDES DE POR VIDA, COMO COMPARTIR.

VER TEMAS RELACIONADOS
¡Estoy muy enfadado!: pp. 80-81
¡Es una pesada!: pp. 126-127

PUEDES PENSAR

«*Desearía que mis hijos crecieran siendo amigos. ¿Cómo hemos llegado hasta aquí?*».

¿QUÉ PIENSA ÉL?

«*Me siento herido cuando me dice que me vaya*».

Como lo habitual es que no estés presente cuando empiezan las peleas, es difícil saber si uno de los niños tiene más culpa. También puedes pensar que tu hija mayor debería comprenderlo mejor, pero a los 7 años no entiende que los procesos mentales de su hermano aún son inmaduros, y por eso le culpa cuando no sabe jugar a su nivel.

Tu hijo pequeño puede sentir rabia, decepción e inferioridad. Su frustración ha activado su cerebro inferior primario, por lo que no sabe especificar mejor cómo se siente y lo sintetiza en rencor. Pero es algo pasajero: si ahora su hermana le pidiera que jugara, aceptaría.

CÓMO REACCIONAR

En ese momento...

①

Admite la diversidad de sus sentimientos Muéstrale a tu hijo que comprendes que tiene una mezcla de emociones hacia su hermana y que pueden pasar rápidamente: por ejemplo, de la rabia cuando no quiere jugar con él a la alegría cuando juegan bien juntos.

②

Anímale a que se exprese Ayuda a tu hijo a poner nombre a las razones de su rabia para que pueda superarla. Dile: «Veo que estás enfadado con tu hermana. ¿Estás triste porque te dijo que no quería jugar contigo?».

③

Evita etiquetar negativamente la relación Que tus hijos no te oigan decir que «no se soportan», o también ellos definirán así su relación.

A largo plazo...

Crea ocasiones para que se diviertan juntos Haz que tus hijos colaboren en un proyecto cuyo fruto puedan ver, o prueba con juegos en que deban formar equipo frente a ti. Tenerte como su «enemigo» común les acercará.

Enseña empatía a tu hijo mayor Sé comprensivo cuando tu hija mayor se enfade; así aprenderá a actuar del mismo modo con su hermano pequeño.

«Estoy triste»

A menudo, los padres imaginan que la vida de los niños está tan libre de preocupaciones que deberían estar siempre contentos, a excepción de las crisis que hay cuando no se salen con la suya. Sin embargo, tu hija experimenta emociones muy variadas a lo largo del día.

SITUACIÓN | Al volver a casa del colegio, te das cuenta de que tu hija está callada y parece alicaída.

ELLA DICE

«Estoy triste».

PUEDES PENSAR

«Es solo una niña. ¿Qué puede pasarle para estar triste?».

Los sentimientos de los niños suelen ser más intensos que los de los adultos, quizá porque están más en contacto con su cerebro primario. Esto se traduce en que pueden sentir con especial intensidad sentimientos abrumadores, como la tristeza. Cuando habla de ellos abiertamente, tu hija demuestra su confianza en que la escuchas.

Quizá te preocupe oír a tu hija decir que está triste, porque la infancia suele verse como una etapa sin preocupaciones. También es posible que sientas cierta culpabilidad porque no es feliz al cien por cien en su infancia, de la que te sientes responsable.

AYUDA A TU HIJA A COMPRENDER QUE LAS EMOCIONES VIENEN Y VAN. HAY FORMAS DE GESTIONARLAS.

¿QUÉ PIENSA ELLA?

«*Algo ha hecho que hoy me sienta mal, y ahora estoy agobiada y triste*».

Conforme tu hija se va haciendo mayor, es capaz de identificar y etiquetar sus emociones. Ahora que está descubriendo la relación causa-efecto, se da cuenta de que, cuando ocurre algo que no le gusta, puede afectar a cómo se siente. También ha descubierto que la tristeza es como una mezcla de preocupación, agotamiento y ganas de llorar.

CÓMO REACCIONAR

En ese momento...

Escucha Deja que tu hija se exprese. Si no se abordan esos sentimientos de tristeza, pueden derivar en rabia, dolor de tripa o problemas de sueño. Que sepa que estás dispuesto a escuchar. Dale la mano o un abrazo en ese mismo momento; después, dedícale tiempo.

Ayúdala a procesar sus sentimientos En vez de agobiarla con los porqués, pregúntale si le gustaría hablar de ello más tarde y conviértelo en un cuento. Si no quiere insistir en los momentos tristes, dile que puede omitirlos. Contarlo de este modo puede servirle para ordenar los sentimientos confusos y darles más sentido.

③

Dile que esa tristeza pasará Que tu hija esté triste ahora no significa que vaya a estarlo siempre. Explícale la diferencia entre «Estoy triste ahora» y «Soy una persona triste». Intenta darle una perspectiva más amplia, preguntándole cómo cree que se sentirá más tarde, mañana o la semana que viene.

A largo plazo...

Haz que sea consciente de sus sentimientos Educa a tu hija para que preste atención a lo que siente su cuerpo cuando experimenta emociones. Enséñale que la actividad física –jugar al aire libre o correr– puede ayudarle a mejorar su estado emocional.

Explora tus propios sentimientos Los niños pueden ser los barómetros emocionales de una familia. ¿Existen preocupaciones concretas que puedan estar influyendo en la felicidad de tu hija? Si ves que te sientes molesto con ella por expresar esta tristeza, habla con algún amigo o familiar para que te ayude a descifrar tus sentimientos.

VER TEMAS RELACIONADOS
¡Estoy muy enfadado!: pp. 80-81
Lo quiero perfecto: pp. 152-153

«Yo no quería un hermanito»

Los hijos mayores son los únicos de la familia cuya vida comienza con la atención exclusiva de sus padres. La vida de tu hijo mayor puede ponerse patas arriba cuando llega a casa un hermano, en el que verá, principalmente, alguien con quien ha de competir por tu amor.

SITUACIÓN | **Estás feliz porque vuestro segundo hijo acaba de incorporarse a la familia.**

ÉL DICE

«*Yo no quería un hermanito*».

Aunque puede que hayáis tenido, en parte, un segundo hijo para darle un hermanito al mayor, es probable que al principio él no lo vea así. Los primeros están acostumbrados a pensar que el mundo gira a su alrededor, por lo que puede resultarles difícil acostumbrarse a compartirte.

VER TEMAS RELACIONADOS
Me encanta estar contigo: pp. 88-89
La quieres más a ella: pp. 104-105

PUEDES PENSAR

«Esta no es la familia feliz que yo había planeado».

«No quiero compartir a mamá y a papá con nadie».

Ahora que tu hijo se da cuenta de que el nuevo bebé es un cambio permanente, te sentirás sorprendido y decepcionado cuando te diga que quiere devolverlo. Quizá también te sientas culpable por no poder pasar tanto tiempo como antes con el mayor.

Es probable que tu hijo esté enfadado contigo por haber llevado a casa a un rival. La única ventaja que le has contado —que va a tener un compañero de juegos— se esfumará al ver que, al principio, lo único que hace el bebé es comer, dormir y robarle tu atención.

CÓMO REACCIONAR

En ese momento...

No le digas cómo debe sentirse Deja a tu hijo que hable de sus sentimientos y preocupaciones, y así podrás encararlos directamente. Hazle saber que lo has entendido y que no pasa nada si lo expresa con palabras: «Sé que todo ha cambiado y que te gustaría que fuera como antes».

②

Proporciónale otras formas de expresar sus emociones Si no encuentra las palabras, permítele que se exprese a través de dibujos o de sus juguetes, aunque emplee la fuerza para aliviar su frustración.

A largo plazo...

Dedícale un tiempo especial Haz todo lo posible para estar unido a tu hijo mayor. Por ejemplo, lleva al recién nacido en una mochila y así tendrás las manos libres para jugar con el mayor.

Pide ayuda Haz que este etapa resulte más fácil hablando con tu pareja y con otros miembros de la familia de cómo hacer que el mayor se sienta especial y reserva ratos a solas con él.

No lo centres todo en el bebé No pongas al bebé como excusa de tu falta de tiempo para el mayor, ni le digas que ahora su principal tarea es ayudar. Elogia sus logros y dile que el bebé está encantado con él; por ejemplo: «Mira cómo te observa el bebé mientras juegas».

Tratar a un hijo enfermo

Los niños pasan por muchas pequeñas enfermedades los primeros años, mientras se fortalece su inmunidad. Ayúdales a reforzar su resistencia física y psicológica cuidando de ellos con empatía y sentido práctico.

Cuando tu hija enferma, es natural que surjan la inquietud y el sentimiento de protección. A veces resulta difícil saber lo enferma que está cuando dice: «No me encuentro bien» o «Me duele la tripa», porque aún no conoce todo el vocabulario para explicarse.

Como los padres quieren ser los más atentos posible, pueden tener dudas sobre si las rutinas y el comportamiento habituales en estos casos deben aplicarse también a periodos cortos de enfermedad. Si tienes cualquier duda, busca consejo profesional.

« »

AYUDA A TU HIJA A TOMARSE CON CALMA LA ENFERMEDAD, MANTENIENDO TÚ TAMBIÉN LA CALMA.

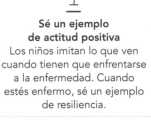

1

Sé un ejemplo de actitud positiva

Los niños imitan lo que ven cuando tienen que enfrentarse a la enfermedad. Cuando estés enfermo, sé un ejemplo de resiliencia.

4

Emplea palabras de ánimo

Dile a tu hija que su cuerpo está esforzándose para mejorar y que ella puede contribuir siendo buena paciente y siguiendo tu consejo.

7

Mantén los límites

En lo posible, mantén las normas familiares; por ejemplo, no pelearse con los hermanos y respetar el tiempo de uso de la tableta. Si las normas decaen, vuelve a ellas poco a poco.

9

No te olvides de los hermanos

Cuando un niño está enfermo un tiempo, sus hermanos no deben sentirse abandonados. Dedícales un tiempo especial.

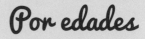

Por edades

2-3 AÑOS

Lenguaje corporal
Los niños pequeños pueden expresar sus problemas emocionales con su cuerpo. Observa posibles pautas en dolores de cabeza y de tripa.

Fuera de la cama
Los niños pueden tener fiebre y querer corretear al mismo tiempo. No te preocupes si no consigues que se quede en la cama.

4-5 AÑOS

Tómatelo con calma
Después de estar malos, hay niños que están nerviosos por volver al colegio. Dile que todo será como antes.

Indaga en las causas
Algunos estudios han demostrado que a esta edad los niños tienen una comprensión limitada de las causas de la enfermedad. Déjale claro que no es culpa suya estar enfermo.

6-7 AÑOS

Médicos y enfermeras
Los estudios demuestran que, estando enfermos, los niños de 6 años creen que el tratamiento médico es una especie de castigo si no se les explica que es para que se pongan buenos.

Se contagia
A los 7 años, a los niños les preocupa que algunas enfermedades las puedan «pillar» de otros. Explícales qué enfermedad tienen.

IDEAS PRÁCTICAS

10 pautas básicas

2
Habla de la mejoría
Comenta con tu hija lo fuerte que es su cuerpo y lo bien que sabe curarse. Si tienes que hablar de su enfermedad con otras personas, hazlo sin que te oiga.

3
Revisa las recomendaciones
No todas las enfermedades implican no llevarles al colegio. Pregúntate: «¿Está mi hija demasiado malita para participar en las actividades?», «¿Tiene algo contagioso?», «¿Podría tomarme un día libre?». Si la respuesta es sí, que se quede en casa.

5
Mantén la calma
Escucha a tu hija cuando te diga que le duele, pero no te muestres angustiado o hipersensible, porque ello puede reforzar una búsqueda de atención inadecuada.

6
Dale muchos abrazos
Cuando el niño está enfermo, puede retroceder a un comportamiento más infantil y querer estar más unido a ti. Reacciona en consecuencia.

8
Considera tus prioridades
Si trabajas, averigua si tienes derecho a un día libre por una emergencia, ya sea sin sueldo, o a un día de vacaciones para cuidar a un hijo enfermo.

10
Comparte la carga
Aun cuando el padre y la madre trabajan, la tarea de cuidar de un hijo enfermo suele recaer en las madres; el 72 por ciento de las mujeres afirman que es más probable que pidan permiso en el trabajo para cuidar de un hijo enfermo. Cuando acontezca una enfermedad, hablad de la posibilidad de repartir las tareas. ¿Podéis repartiros el día tu pareja y tú de modo que uno se vaya tarde y el otro llegue pronto a casa? ¿Es más fácil para uno de los dos recuperar el tiempo perdido trabajando el fin de semana?

«Dicen que soy un llorón»

Los niños empiezan a llorar menos en torno a los 2 años, cuando empiezan a emplear el vocabulario para expresar cómo se sienten y aprenden a regular mejor sus emociones. Con todo, hay niños con un carácter más sensible y más propensos a las lágrimas.

SITUACIÓN | Tu hijo te cuenta que sus compañeros de clase no quieren jugar con él porque dicen que es un llorón.

ÉL DICE

«Dicen que soy un llorón».

PUEDES PENSAR

« ¿Por qué no se vuelve más duro? ».

Tu hijo parece no comprender que, aunque llorando se gana la simpatía de los adultos, a sus iguales no les gusta. Cuando rompe a llorar, interrumpe el ritmo del juego y los adultos tienden a intervenir. Sus compañeros, entonces, se enfadan con él por fastidiar la diversión.

Debido a las arraigadas ideas de lo que significa ser un «hombre», si tienes un hijo es posible que, inconscientemente, quieras que llore menos y sea más duro. Aunque tú no pienses así, quizá te preocupe lo que pueda esperar el resto. Por eso, puede que quieras que tu hijo oculte sus sentimientos para que sus compañeros no le llamen «flojo» o «llorón».

NO PIENSES QUE TU PAPEL ES CONSEGUIR QUE TU HIJO SE VUELVA MÁS DURO, SINO AYUDARLE A QUE APRENDA A CONTROLAR SUS REACCIONES.

¿QUÉ PIENSA ÉL?

«Cuando me enfado, me pongo a llorar. No puedo evitarlo».

Quizá simplemente a tu hijo le cueste más controlar sus sentimientos que a otros niños. Algunos estudios han demostrado que del 15 al 20 por ciento de los niños vienen al mundo con un temperamento más sensible. Suelen empezar siendo más asustadizos de bebés y pueden convertirse en niños que se angustian con más facilidad.

CÓMO REACCIONAR

En ese momento...

(1)

Ayúdale a controlar las lágrimas Enséñale a tu hijo a respirar despacio para tranquilizarse. Ayúdale a practicar inspirando por la nariz y espirando por la boca. Esta respiración ralentiza la liberación de adrenalina y le ayudará a mantener la calma y la lógica.

(2)

No seas sexista No le digas que no llore porque es un «chico grande». Los niños necesitan expresar sus sentimientos igual que las niñas.

(3)

Ayúdale a ver las cosas con perspectiva Mientras le animas a que hable de cómo se siente, ayúdale a relativizar los disgustos. Explícale que todo el mundo tiene conflictos con sus amigos: es parte de los altibajos de las relaciones.

(4)

No niegues sus emociones Los roles masculinos muestran que también está bien que los niños lloren, pero explícale que puede ser más cómodo y menos tenso llorar con la familia o entre amigos que delante de niños que quizá no le comprendan.

A largo plazo...

Enséñale otras estrategias para afrontarlo Muéstrale cómo anticipar situaciones que pueden hacerle llorar, como perder en un partido, que no le acepten en un juego o que se burlen de él. Sugiérele que se distraiga de esos sentimientos intensos pensando en un recuerdo divertido, contando hasta diez o imaginando que está rodeado por una fuerza mágica y protectora.

VER TEMAS RELACIONADOS

Me da miedo la oscuridad: pp. 98-99
Se lo estoy diciendo: pp. 100-101

«He tenido una pesadilla»

Aunque los padres desean que los niños tengan sueños felices, algunos niños pueden tener pesadillas esporádicas. A los 4 o 5 años, unas tres cuartas partes de los niños tienen sueños aterradores de vez en cuando, algunos hasta una o dos veces por semana.

SITUACIÓN | Tu hija se ha despertado angustiada por la noche, diciendo que estaba perdida y que la perseguía un monstruo.

ELLA DICE

«He tenido una pesadilla».

Los niños experimentan más sueño REM (del inglés *rapid eye movement* —fase de sueño profundo en que se producen los sueños) que los adultos. Los sueños son indicios de una creciente sofisticación del cerebro, de la formación de un banco mayor de memoria y del procesamiento de más temores conforme tu hija aprende más cosas sobre el mundo.

PUEDES PENSAR

«¿Por qué la despiertan esas pesadillas? ¿Estará preocupada por algo?».

Es terrible ver a tu hija angustiada, más aún porque te despiertas sobresaltado en mitad de la noche. Las pesadillas pueden ser el resultado de ver algo espeluznante, de una preocupación, y son más comunes en momentos de conmoción, como un colegio nuevo o una desavenencia familiar.

VER TEMAS RELACIONADOS

Me da miedo la oscuridad: pp. 98-99
He mojado la cama: pp. 138-139

«« »»
DILE A TU HIJA QUE ES POSIBLE CAMBIAR LA HISTORIA DE UNA PESADILLA Y DARLE UN FINAL FELIZ.

¿QUÉ PIENSA ELLA?

«¿Han pasado de verdad las cosas de mi sueño?»

Como tu hija está desarrollando aún la habilidad para distinguir entre lo real y lo imaginario, le parece que las pesadillas han ocurrido de verdad. No sabe que esos sueños malos los crea su propia imaginación cuando su cerebro trata de procesar lo sucedido durante el día.

CÓMO REACCIONAR

En ese momento...

①

Mantén la calma y transmítele tranquilidad A los niños les puede costar calmarse después de una pesadilla. Abrázala y dile suavemente: «Cuánto miedo habrás pasado. Ya ha pasado. No era real». No obstante, mantén una interacción breve para que no tarde en quedarse dormida.

②

Anímala a quedarse donde está En vez de dejar que se vaya a la cama contigo, trata de calmar a tu hija para que siga durmiendo en su habitación y aprenda a tranquilizarse en su entorno.

A largo plazo...

Hablad de sus sentimientos a la luz del día Si sigue hablando de sus emociones cuando está contigo, procesará sus experiencias durante las horas del día, cuando resultan menos inquietantes, y puede que aparezca una causa. También es posible que quiera dibujarlo.

Haz lo posible para que duerma lo suficiente Una rutina coherente a la hora de acostarse, un abrazo y su cuento preferido antes de irse a la cama ayudarán a tu hija a sentirse más segura y relajada de cara al sueño nocturno.

Comprueba lo que está viendo Las pesadillas de tu hija pueden deberse a que ha visto películas, videojuegos o noticias que no son para su edad. Ten cuidado de que no vea imágenes para las que no está preparada.

«No he sido yo»

Casi todos los niños dicen mentiras, omiten detalles o exageran de vez en cuando. Comprendiendo las razones subyacentes y reaccionando de manera apropiada, los padres pueden evitar que esta fase necesaria del desarrollo se convierta en costumbre.

SITUACIÓN | Has visto a tu hijo empujar a su amigo, pero él lo niega.

La sinceridad es una cualidad muy apreciada por los adultos. Pero, aunque puedas pensar que mentir siempre es malo, es útil verlo como un hito en las habilidades mentales de tu hijo. Para saber la diferencia entre verdadero y falso, tu hijo debe desarrollar la «teoría de la mente», la habilidad de ponerse en el lugar de los demás.

Existen dos tipos principales de mentiras:

● **Las mentiras antisociales** las dicen los niños para evitar problemas cuando han hecho algo mal, para escapar del castigo por haber roto las normas o para culpar a otros.

● **Las mentiras prosociales** consisten en omitir información y no decir toda la verdad, más que mentir deliberadamente. También se dicen para no herir los sentimientos de los demás.

Comprender esta diferencia resulta útil, porque cada una requiere una respuesta distinta. En la página siguiente se explica cómo distinguirlas.

SI PILLAS A TU HIJO MINTIENDO, INSISTE EN QUE HAY MEJORES MANERAS DE RESOLVER EL PROBLEMA.

VER TEMAS RELACIONADOS
No te he oído: pp. 92-93
¡Es una pesada!: pp. 126-127

EL CAMINO A SEGUIR

Evaluar una mentira

MENTIRAS ANTISOCIALES

INDICIOS

Su historia no tiene sentido y no se sostiene.

Utiliza más palabras de las necesarias para convencerte.

Su voz es más aguda debido a la tensión física y emocional de sostener una mentira.

DESENCADENANTES

Temor a meterse en problemas.

Romper una norma.

Querer causar problemas a otro.

Tratar de evitar que le culpen de algo que ha hecho mal.

REACCIÓN

1. **Comprender** la fase de desarrollo subyacente. Los niños de 3 o 4 años no entienden la diferencia entre fantasía y realidad, o pueden recrearse en las ilusiones.

2. **Si recalcas** la verdad, tendrás más posibilidades de ayudarle a resolver esta cuestión.

3. **Deja claro** que prefieres que diga la verdad y que así es como se arreglan las cosas.

4. **Haz de la verdad** uno de tus valores familiares y explícale que mentir puede hacer que los demás no le crean cuando diga la verdad.

5. **No le castigues con dureza.** Cuando los niños hacen algo que no deben, es más probable que mientan por el temor a las consecuencias.

MENTIRAS PROSOCIALES

INDICIOS

Otros padres te preguntan por las cosas de las que tu hijo alardea.

Da respuestas cortas o incompletas a las preguntas.

Da respuestas contradictorias porque trata de tenerte contento.

DESENCADENANTES

Querer evitar los inconvenientes de las normas de los adultos, por ejemplo mentir diciendo que se han terminado los deberes para poder salir a jugar.

Querer impresionar a los amigos y a los padres.

Tratar de no herir los sentimientos de otra persona empleando estas «mentiras piadosas».

REACCIÓN

1. **Explica las consecuencias.** Si dice que tiene un perrito y no es así, dile que sabes que le gustaría tener uno, pero los demás no le creerán si sigue mintiendo.

2. **Sé un ejemplo de sinceridad.** Si tu hijo te oye decir «mentirijillas», creerá que es socialmente aceptable.

3. **Ayúdale a reforzar la autoestima.** Algunos niños dicen mentiras o exageran cuando no se sienten del todo bien consigo mismos.

4. **Trata de que tus expectativas** no sean demasiado altas. Si tu hijo ha ocultado deliberadamente una calificación escolar, dile: «Veo que para ti es importante sacar buenas notas. ¿Te da miedo decepcionarnos?».

5. **Dile que confías en él** Es más probable que tu hijo sea sincero si quiere mantener su buena fama.

«Se me ha escapado»

Aunque tu hija ya controla el pis durante el día, puede haber ocasiones en que aún se le escape. Estas pérdidas durante el día afectan aproximadamente a 1 de cada 7 niños de 4 años, pero se reduce a 1 de cada 75 a los 5 años. Puede ocurrir solo durante el día o también en la cama.

SITUACIÓN | A tu hija se le sigue escapando el pis durante el día.

ELLA DICE

«Se me ha escapado».

Los niños necesitan orinar entre cuatro y siete veces al día. Si ya no se le escapaba, podría haber una razón física para estos accidentes, como una infección del tracto urinario que le haga orinar con más frecuencia en menor cantidad.

VER TEMAS RELACIONADOS
No he sido yo: pp. 122-123
He mojado la cama: pp. 138-139

MUCHOS NIÑOS TIENEN ACCIDENTES DE ESTE TIPO. APÓYALA PARA QUE LA VERGÜENZA NO SOCAVE SU AUTOESTIMA.

PUEDES PENSAR

«Creí que ya lo había superado. Los demás niños se van a reír de ella».

Puede que te fastidie que no haya sido capaz de ir al baño a tiempo. Y quizá te preguntes si deberías ponerle pañal o bragapañal. Sin embargo, si haces que sienta vergüenza, el problema podría empeorar.

¿QUÉ PIENSA ELLA?

«Hay muchas cosas que hacer y se me olvidó ir al baño».

Los niños pueden sentir temor de ir al baño: algunos piensan que huele mal o que pueden quedarse encerrados; otros se sienten cohibidos porque pueda haber alguien cerca. Pero quizá a tu hija simplemente se le olvidara ir porque estaba muy entretenida.

CÓMO REACCIONAR

En ese momento...

Descubre si algo va mal Trata de llegar al fondo de por qué se le ha escapado hoy el pis. Podéis jugar a representar qué ha hecho durante el día para descubrir por qué no llegó a tiempo al aseo. Si se ha sentido estresada por algo, también le habrá resultado difícil controlar los esfínteres.

②

No le digas «te has hecho pis» Es mejor que uses la expresión «se ha escapado el pis», para que no se sienta culpable ni avergonzada.

A largo plazo...

Premia los días secos Haz una tabla de premios y pega una estrella cada vez que vaya al baño a tiempo y cuando llegue al final del día con las braguitas secas.

Ayúdala a tomárselo con calma Debe tomarse su tiempo a la hora de hacer pis para que el esfínter, el músculo que hay en la base de la vejiga, se abra por completo y esta se vacíe bien.

Haz que tu hija beba más En vez de hacer que beba menos, anímala a beber de seis a ocho vasos de bebidas a base de agua a lo largo del día; así la vejiga se llenará bien y enviará señales más claras de que debe vaciarse.

«¡Es una pesada!»

A esta edad, tu hijo ha pasado del juego en paralelo –junto a otros niños, pero por separado– a interactuar más directamente con sus compañeros de juegos. Mientras aprende las reglas, asume que puede tener algunos conflictos con sus iguales.

SITUACIÓN | Mientras están jugando en el arenero, tu hijo se enzarza con su amiga en una pelea sobre cómo deben jugar.

ÉL DICE

«¡Es una pesada!».

PUEDES PENSAR

«¡Esto es muy embarazoso! No quiero que piensen que es un alborotador».

Los padres quieren que sus hijos jueguen a gusto. Sin embargo, hasta que aprenden a expresar verbalmente lo que quieren, hay niños que a esta edad emplean algún tipo de fuerza para lograrlo. Los estudios demuestran que niños y niñas utilizan una serie de estrategias físicas para establecer dominancia y conseguir que el juego vaya como ellos quieren.

Quizá te sientas incómodo si hay otros adultos presentes. Aunque te parezca que debes intervenir, aprenderá mejor si se las apaña solo. Si los dos quieren seguir jugando, no tardarán en olvidar la riña.

LOS NIÑOS SON LOS MEJORES ENSEÑÁNDOSE LOS UNOS A LOS OTROS A LLEVARSE BIEN. JUGANDO MUCHO APRENDEN A LOGRARLO.

¿QUÉ PIENSA ÉL?

«No sé qué más hacer cuando mi amiga dice que no quiere jugar como yo digo».

Tu hijo aún está descubriendo los pros y los contras de la interacción social y las reglas que hay que respetar a la hora de compartir, hacer turnos o ceder. Solo está empezando a comprender que los demás tienen sentimientos y que, si no comparte o si quiere mandar todo el rato, su amiga no querrá volver a jugar.

CÓMO REACCIONAR

En ese momento...

Mantente al margen y observa Verás que, si se están divirtiendo, los niños suelen estar motivados para encontrar una solución por sí solos. Aunque no lo logren, elógiales por escucharse y avanzar en la dirección correcta.

②

No hagas de árbitro Si tu hijo te pide que intervengas, acepta que no llegarás al fondo de lo ocurrido. Más bien sugiere a ambos niños que expliquen con sus palabras por qué están enfadados y así los dos se sentirán escuchados.

Recuerda a tu hijo los sentimientos de los demás En lugar de regañarle por no jugar bien, ayúdale a considerar el punto de vista de su amiga. Por ejemplo, dile: «No creo que a tu amiga le guste cuando le quitas la pala».

A largo plazo...

Evalúa la situación Los conflictos son una parte normal del aprendizaje de la interacción social a esta edad, pero si a tu hijo parece costarle más controlar su impulso de salirse con la suya, puede precisar más ayuda para regular sus emociones o comprender la forma correcta de reaccionar en situaciones sociales.

Llévale a jugar al aire libre Los niños se divierten más y riñen menos cuando juegan al aire libre. Hay menos cosas sobre las que discutir y comparten más cuando descubren y exploran cosas nuevas juntos.

VER TEMAS RELACIONADOS
Se lo estoy diciendo: pp. 100-101
No te invito a mi cumpleaños: pp. 132-133

«No quiero ordenar mis cosas»

Jugar es clave para el desarrollo emocional e intelectual de tu hija. El inconveniente del juego a esta edad es el reguero de piezas de puzle, Lego, muñecos y rotuladores que queda después. Debes enseñar a tu hija a ordenar sus cosas.

SITUACIÓN | **El suelo del cuarto de estar está cubierto de juguetes, pero tu hija ni se inmuta cuando le pides que te ayude a ordenarlos.**

ELLA DICE

«No quiero ordenar mis cosas».

Cuando tu hija está absorta en el juego, para ella tiene sentido dejar todas sus juguetes esparcidos y al alcance de la mano. Después puede desarrollar su imaginación y crear nuevos juegos con todos ellos; por ejemplo, construyendo una casa con bloques para sus muñecos y animales.

PUEDES PENSAR

«No hace más que sembrar el caos y a mí me toca poner orden. Es agotador. ¿No le importan sus cosas?».

Aunque tú prefieras más orden en casa, a tu hija no le molesta ese jaleo. A algunos adultos les gusta tener «casas» para guardar las cosas. Tu hija tendrá que aprender esto con el tiempo.

VER TEMAS RELACIONADOS

¡Mira lo que he hecho!: pp. 76-77
¡No me da la gana!: pp. 136-137

CÓMO REACCIONAR

En ese momento...

①

Participa Para una niña de su edad, ordenar todos los juguetes sola puede resultar agobiante, pero deja claro que es una tarea que hacéis juntos.

②

Dale instrucciones En vez de decir «ordena», déjale claro cómo quieres que ayude: «Por favor, pon los dinosaurios en su caja» o pídele que guarde los rotuladores azules mientras tú ordenas los rojos.

③

Conviértelo en una oportunidad de diversión
Inventa una canción especial sobre el tema o selecciona una lista de reproducción con música animada que sirva de fondo dinámico a la actividad. O pon un temporizador de cocina para cronometrar quién guarda más piezas de Lego y se convierte en Campeón del Orden ese día.

A largo plazo...

Muéstrale las ventajas Los niños de esa edad se sienten divididos entre seguir sus propios deseos y ayudar a los adultos. Haz que tu hija vea que, si ordena, tendrá más espacio a su alrededor, sus juguetes estarán a salvo y sabrá dónde encontrarlos al día siguiente.

Crea el hábito Planifica el momento de ordenar todos los días a la misma hora —quizá justo antes de cenar— para que los niños se acostumbren.

¿QUÉ PIENSA ELLA?

«No quiero que mis juguetes desaparezcan. Hay muchísimos en el suelo y no sé por dónde empezar».

Tu hija puede pensar que le estás pidiendo que destruya el mundo que acaba de crear. Es duro para ella que le pidas que guarde todos esos juguetes. Necesitará muchas indicaciones cuando se aproxime la transición de una actividad a la siguiente y tenga que ordenar sus cosas.

《 》

UN HOGAR NO ES UN PISO PILOTO. SI TU HIJA TE AYUDA A QUE ESTÉ MÁS ORDENADO, ESTÁS EN EL BUEN CAMINO.

«Tienes que hacerlo así»

Todos los padres quieren que sus hijos tengan un buen grupo de amigos y, por ello, quizá te preocupe ver que tu hijo rechaza a otros niños empleando un comportamiento dominante. Necesitará tu ayuda para tener en cuenta los sentimientos de los demás.

SITUACIÓN | Oyes que tu hijo dice a un amigo, mientras juegan, que debe jugar siguiendo sus reglas.

ÉL DICE

«Tienes que hacerlo así».

Los niños sienten que los mayores les dicen continuamente lo que deben hacer. Por tanto, les fastidia cuando un compañero de juegos toma el mando y no quieren jugar con él. Los estudios han demostrado que ser capaz de colaborar en el juego y respetar el turno de los demás son habilidades clave para hacer amigos y mantenerlos.

VER TEMAS RELACIONADOS
Se lo estoy diciendo: pp. 100-101
¡Es una pesada!: pp. 126-127

PUEDES PENSAR

«Quiero que se las apañe solo, pero si sigue siendo tan mandón no tendrá amigos».

¿QUÉ PIENSA ÉL?

«¿Por qué no lo hace como yo digo?».

Quizá te preocupe que a tu hijo le falten las habilidades sociales para poder jugar bien. Aunque algunos padres puedan ver esta dominancia como indicio de una futura confianza en sí mismo, existe una diferencia entre liderazgo (hacer que otros quieran seguirte) y autoritarismo (decir a los demás lo que deben hacer).

Tu hijo estará aprendiendo todavía que los demás tienen diferentes puntos de vista y a distinguir cuándo les está fastidiando. También está descubriendo dónde encaja en la jerarquía social, por lo que quizá esté tanteando si los demás niños hacen lo que les dice.

CÓMO REACCIONAR

En ese momento...

①

Ten claro si debes intervenir Este diálogo puede ser solo parte de un juego de tira y afloja, así que no saltes a no ser que veas que reincide en su actitud o que el otro niño se está enfadando.

②

Háblale con calma Si este comportamiento puede llegar a arruinar el juego, llévate a tu hijo aparte y dile cómo debe sentirse el otro niño. Sugiérele que pregunte a su amigo lo que piensa y así tendrá en cuenta otros puntos de vista.

A largo plazo...

Haz que practique Los juegos siempre tienen un algo de toma y daca. Representa situaciones con juguetes y pídele que imagine cómo se sienten los distintos personajes.

Dale pistas Dile a tu hijo que se escuche a sí mismo diciendo cosas como: «Tienes que hacerlo así» o «No hagas eso». Acordad una seña secreta —como un carraspeo— que harás si vuelve a caer en lo mismo, y así empezará a ser más consciente.

Sé un ejemplo de comportamiento amable Si tu hijo no es inflexible ni le cuesta comprender el toma y daca del juego, ¿no estará copiando el comportamiento de los adultos o de un hermano mayor?

«No te invito a mi cumpleaños»

Tu hija está empezando a hacer amistades más firmes y a formar grupos sociales, pero también a tener conflictos. Las fiestas de cumpleaños son oportunidades para que ejerza su poder social, incluyendo o excluyendo a los demás.

SITUACIÓN | **Oyes cómo tu hija le dice a una compañera de clase que no está invitada a su fiesta de cumpleaños.**

ELLA DICE

«No te invito a mi cumpleaños».

PUEDES PENSAR

«¿Por qué es tan cruel? No quiero que la vean como una abusona».

Las amistades de los niños cambian rápido; hacen amigos y los pierden dependiendo de cómo haya ido el juego ese día. Tu hija quizá sienta que su fiesta de cumpleaños la hace más poderosa socialmente, y se sirve de ello para que los demás sigan sus normas.

Los niños aún están aprendiendo empatía. A no ser que se lo indiques, no se dará cuenta de que sus palabras pueden hacer daño. Te sorprenderá que abuse de su posición de poder, pero un comentario mezquino no significa que sea una abusona.

« »

SÉ UN EJEMPLO DE GENEROSIDAD. EXPLÍCALE QUE LAS PALABRAS CRUELES PUEDEN HERIR TANTO COMO PEGAR.

¿QUÉ PIENSA ELLA?

«Es mi cumpleaños y yo mando. Decido quién puede venir».

Tu hija aún está descubriendo su lugar en la jerarquía social de la clase. Sabe que los demás niños quieren ir a los cumpleaños y que, en el suyo, ella puede decidir la lista de invitados. Aunque aprenda que está siendo egoísta, se servirá de ello para acrecentar su poder social.

CÓMO REACCIONAR

En ese momento...

Pregunta los motivos Sin que lo oigan los otros niños, intenta comprender por qué tu hija no ha invitado a esa compañera. Averigua si hay mayores dificultades que haya que solucionar.

②

Hazle ver el daño Pídele a tu hija que se imagine cómo se sentiría si alguien le dice delante de los demás que no está invitada. ¿Estaría triste o dolida? Debes hacer que comprenda que sus acciones y palabras están siendo egoístas.

A largo plazo...

Mantén la perspectiva Si dedicas semanas a organizar el cumpleaños, tu hija desarrollará una idea exagerada de su importancia. A esta edad, a los niños les cuesta regular su emoción, y quizá no pueda evitar servirse de su lista de invitados para conseguir que los demás hagan lo que quiere.

Haz la lista de invitados lo más tarde posible Las amistades de los niños cambian conforme crecen y se desarrollan. El amigo íntimo de hace dos meses quizá ya no lo sea la semana antes de la fiesta.

No le des tu aprobación Para algunos padres, esa confianza social es señal de que su hijo es popular. Pero si no le dices a tu hija por qué está mal tratar así a los demás, pensará que está bien excluirlos.

VER TEMAS RELACIONADOS

No he sido yo: pp. 122-123
¡Es una pesada!: pp. 126-127

Cumpleaños

Lo que antes era algo sencillo, basado en jugar a las sillas, cortar la tarta y comer helado, se ha convertido en un acontecimiento mucho más elaborado. En los 20 últimos años, el gasto en fiestas de cumpleaños se ha disparado.

El cumpleaños de tu hijo es una fecha señalada en tu calendario y un motivo para celebrar una fiesta. Conforme se acerca la fecha, es útil hablar con el niño acerca de lo que realmente significa.

Dada la simplicidad con que los niños pequeños ven la relación causa-efecto, los estudios han demostrado que, antes de los 6 años, casi la mitad de los niños creen que es la celebración lo que les hace tener un año más. No entienden que su cumpleaños indica el paso de todo un año. Explícale que la fiesta no le hace cambiar de año; se ha hecho mayor porque han pasado muchos días y ha aprendido mucho.

Aprovecha la ocasión para ver juntos los dibujos del niño y las fotos familiares del último año para que vea lo rápido que han pasado los 12 meses.

En cuanto a la duración de la fiesta, piensa en 1-2 horas dependiendo de la edad del niño.

« »

LOS NIÑOS PEQUEÑOS DISFRUTARÁN MÁS DE LA FIESTA SI SE ADAPTA A SU NIVEL DE DESARROLLO.

1
Hablad de la fiesta antes
Desde los 4 años los niños pueden querer una fiesta basada en su programa de televisión, libro o película favoritos. Pero no planees con demasiada antelación, pues puede cambiar de opinión.

4
Elige bien el momento
Celebra la fiesta durante el rato en que tu hijo está más despierto y tranquilo; en el caso de niños pequeños, mejor evitar la hora de la siesta.

7
Hazlo a su gusto
Las fiestas de cumpleaños están pensadas para que el niño o la niña se sientan especiales. La mejor manera de conseguirlo es organizar la fiesta pensando en tu hijo. Son sus deseos e intereses los que debes tener en cuenta, no los de los demás.

IDEAS PRÁCTICAS

10 pautas básicas

2
Analiza la lista de invitados
Para decidir cuántos niños habrá que invitar para que la fiesta sea divertida y tu hijo la disfrute, piensa en la regla de «su edad más uno». Con todo, una vez que empiece a ir al colegio, esta norma cederá.

3
Pídele que sea respetuoso
Si tu hijo no quiere invitar a nadie de su clase, pídele que sea respetuoso y no hable de su fiesta delante de quienes no están invitados.

5
Prepárate para las rabietas
Los niños suelen tener menos conflictos con sus iguales cuando juegan fuera de casa. Invita a sus amigos (y familias) a un pícnic en el parque. Se agobiará si hay demasiados niños en casa.

6
Pide ayuda a los padres
Los niños no siempre están preparados para separarse de sus padres durante los eventos sociales. Pide a los padres que se queden durante la celebración.

8
Deja los regalos para después
Hasta los 3 años, algunos niños no entienden que deben dejar en la fiesta los regalos que han llevado y no pueden llevárselos a casa. Reúne los regalos al llegar para que se centren en la diversión.

9
Ayúdale a ser un buen anfitrión
Justo antes de la fiesta, habla con tu hijo para recordarle que debe ser amable y cordial con cada invitado, no solo con sus mejores amigos.

10
Mantén los pies en la tierra
Si rememoras tus cumpleaños de niño, recordarás que lo mejor eran los momentos de diversión con tus amigos, no el lugar ni el dinero que había costado.

CONSEJOS A MEDIDA

Por edades

2-3 AÑOS

Escalona los regalos
Dale a tu hijo unos cuantos regalos para que los abra después de la fiesta, pero guarda los demás para dárselos a lo largo del año.

No te compliques
Para niños de 2 años, lo más fácil para los juegos paralelos es un tema, como agua, arena o plastilina. Los niños de 3 años ya pueden jugar en círculo.

4-5 AÑOS

¡Qué dilema!
Invita a un grupo pequeño, menos de la mitad de la clase, o a la clase entera. Y prepara muchos juegos en grupo.

Globos
A los niños de esta edad les encantan los globos porque flotan y se mueven despacio, por lo que pueden manipularlos mejor.

6-7 AÑOS

Lista de invitados
Como los grupos son cada vez más importantes, tu hijo tendrá algo que opinar sobre el tema y querrá decidir a quién invitar.

Su actividad favorita
Hoy los niños prefieren fiestas basadas en aquellas habilidades en las que destacan y que quieren mostrar a sus amigos, por ejemplo fútbol, natación, baile o dibujo.

«¡No me da la gana!»

Tu hija está desarrollando el control de su cuerpo antes que su vocabulario para expresar sus sentimientos, por lo que quizá te ataque si está enfadada o frustrada. Por muy ofensivo que pueda ser este comportamiento, controla tus propias emociones.

SITUACIÓN | **Tu hija te echa de la habitación con malos modos cuando le dices que quite la tele y vaya a bañarse.**

ELLA DICE

«*¡No me da la gana!* ».

PUEDES PENSAR

«*Estoy conmocionada. ¿Cómo puede tratarme tan mal?* ».

Las patadas, los golpes y los mordiscos son una parte normal del desarrollo del niño. Tu hija intenta ser independiente imponiendo su voluntad, pero cuando no se sale con la suya, la parte emocional de su cerebro se rebela. Al ir fortaleciéndose físicamente, también experimenta con el uso de la fuerza.

En esta situación de tensión, también se dispara tu instinto de lucha o huida. Quizá te sientas tan desconcertada que quieras que te obedezca arremetiendo tú. Sentirás que está siendo agresiva intencionadamente, pero solo está tratando de decirte algo.

MANTÉN LA CALMA, PERO RESPONDE CON FIRMEZA CUANDO TU HIJA SE PONGA AGRESIVA PARA QUE APRENDA A CONTROLAR SUS EMOCIONES.

CÓMO REACCIONAR

En ese momento...

No respondas a su ataque con otro ataque
Habla despacio y con cariño, pidiéndole que respire hondo y se tranquilice para recuperar el control de sus sentimientos. En vez de enfrentarte a ella, lo que la enrabietará aún más, intenta contestar sin ira. Sugiérele una alternativa, como «Vamos a ver qué está haciendo papá» para distraer su atención.

Hablad de ello Cuando tu hija se haya tranquilizado y sea capaz de utilizar su cerebro racional, dile que comprendes que esté enfadada, pero que tratar con malos modos nunca es la manera de mostrar el enojo. Repítelo como norma básica de tu familia.

3

Recuperad vuestra buena relación lo antes posible
Cuando se tranquilice, dale un abrazo, pero explícale el daño que te ha hecho su comportamiento para que aprenda que los demás tienen sentimientos. Explícale que está bien enfadarse, pero no hacer daño a los demás.

A largo plazo...

Dile que utilice palabras Cuando esté más tranquila, ayúdala a señalar o dibujar en qué lugar del cuerpo siente la rabia. Que aprenda vocabulario para expresarla y así podrá avisarte cuando empiece a sentirla. Puede ser útil describirla como una cazuela en ebullición o un volcán en erupción.

Establece una rutina Los niños tienden más a reaccionar físicamente cuando están cansados o tienen hambre, han tomado demasiado azúcar o están hiperestimulados por llevar mucho tiempo delante de la tableta. Establece un horario previsible para dormir, jugar y comer para que sepa qué debe esperar y sea menos probable que monte un escándalo.

¿QUÉ PIENSA ELLA?

«Quiero a mamá. Ahora está triste porque la he tratado mal».

Tu hija está aprendiendo que sus acciones tienen un efecto, que no debe echarte de mala manera y que también tú tienes sentimientos. Por ello, estará arrepentida cuando se calme y cuando la parte lógica de su cerebro recupere el control. Le sorprenderá que estés enfadada, porque a esta edad los niños creen que sus padres son invulnerables.

VER TEMAS RELACIONADOS
¡No es justo!: pp. 160-161
Pero si no estoy cansado: pp. 190-191

«He mojado la cama»

No mojar la cama en toda la noche es la útima fase del control de esfínteres. Para que esto ocurra deben aunarse varios tipos de desarrollo, por lo cual cada niño alcanza este punto a una edad diferente. Cuatro de cada diez niños de 4 años y una cuarta parte de los de 5 años aún mojan la cama.

SITUACIÓN | Tu hijo ha mojado la cama por tercera vez esta semana.

ÉL DICE

«He mojado la cama».

Hay muchas razones por las que tu hijo puede estar mojando la cama. Quizá su sistema nervioso no esté aún programado para que la vejiga envíe una llamada de alerta al cerebro, o puede que tenga una vejiga más pequeña. Si tu pareja o tú mojasteis la cama en la infancia, tiene un 25 por ciento de probabilidades de que le ocurra lo mismo.

《 》

CONFÍA EN QUE TU HIJO LO SUPERARÁ. MIENTRAS TANTO, MANTÉN INTACTA SU AUTOESTIMA.

PUEDES PENSAR

«Es agotador cambiar las sábanas en mitad de la noche. ¿Cuándo se le pasará?».

Pese a la frustración, intenta ser comprensivo. Saber que la mayoría de los niños dejan de mojar la cama no es un gran consuelo cuando te despierta a medianoche o hay muchísima ropa extra para lavar, pero debes ser comprensivo, porque no depende de él.

VER TEMAS RELACIONADOS
He tenido una pesadilla: pp. 120-121
Se me ha escapado: pp. 124-125

¿QUÉ PIENSA ÉL?

«Me da vergüenza. No quiero que nadie lo sepa».

Como mojar la cama puede hacer mella en la autoestima de tu hijo —puede pensar que es un bebé o sentir vergüenza por el lío que provoca—, necesitará mucho consuelo, tiempo a solas contigo y confianza en que lo superará. La ansiedad también puede desencadenarlo.

CÓMO REACCIONAR

En ese momento...

①

Mantén el optimismo Elogia a tu hijo cuando no moje la cama y no des importancia a las noches en que lo hace. Dile únicamente: «¡Arriba, vamos a cambiar las sábanas!».

②

Dale un punto de vista positivo Habla con él sobre «estar seco» o «no seco», en lugar de hablar de «mojado», que puede provocarle sentimientos de vergüenza. Si tu pareja o tú mojabais la cama de niños, decídselo para que vea que lo habéis superado.

A largo plazo...

No olvides el lado práctico Mantén una rutina regular de sueño. No le dejes beber demasiado la hora antes de irse a la cama y llévale a hacer pis justo antes de dormir. Deja la puerta de su cuarto abierta y la luz del baño encendida para que le resulte fácil ir.

Habla con él Trata de descubrir cualquier causa emocional. ¿Está preocupado por algo que pueda desencadenar estos episodios?

Busca ayuda Aunque la mayoría de los niños lo superan antes de los 6 o 7 años, si sigue sucediendo lleva un diario y consúltaselo al pediatra por si hubiera alguna causa física.

«¿Nos van a hacer daño los malos?»

Al crecer, los niños reciben muchísima más información sobre el mundo y sus riesgos. Si tu hija escucha a niños más mayores, o a adultos, hablar de atentados terroristas, puede llegar a desarrollar una ansiedad por miedo a que los malos le hagan daño a ella y también a la gente que quiere.

SITUACIÓN | Después de un atentado terrorista, tu hija está asustada por lo que les pueda ocurrir a ella y a sus seres queridos.

ELLA DICE

«¿Nos van a hacer daño los malos?».

PUEDES PENSAR

«No sé qué hacer para tranquilizarla y evitarle la ansiedad».

Los niños ven el mundo en términos de blanco y negro: tu hija cree que las cosas malas solo le pasan a la gente mala. Por eso, le sorprende descubrir que esos sucesos también les ocurren a las personas normales. Captará el nerviosismo en vuestro rostro y lo interpretará como que existe un motivo de preocupación.

Oír hablar de un ataque terrorista en el que han muerto personas inocentes ha perturbado su sentido intrínseco de la justicia. Aunque quizá te parezca demasiado pronto para abordar un tema tan complejo, debes relativizar este incidente y dejarle claro que ella y la gente que conoce van a estar bien.

◆ VER TEMAS RELACIONADOS ◆
Me da miedo la oscuridad: pp. 98-99
¿Tú también morirás?: pp. 146-147

«« »»

LOS NIÑOS SIGUEN EL EJEMPLO DE SUS PADRES.
RACIONALIZA TUS MIEDOS PARA PODER TRANQUILIZAR A TU HIJA.

¿QUÉ PIENSA ELLA?

«¿Cómo sé que no le va a pasar a alguien a quien quiero?».

A esta edad, su mundo está dividido claramente en «buenos» y «malos». Por eso, para ella es reconfortarte descubrir que hay personas buenas que se ocupan de protegerla. De hecho, sentirse bien «ahora mismo» es para ella su mayor prioridad, hasta que recupere su equilibrio habitual y su confianza en la seguridad del mundo.

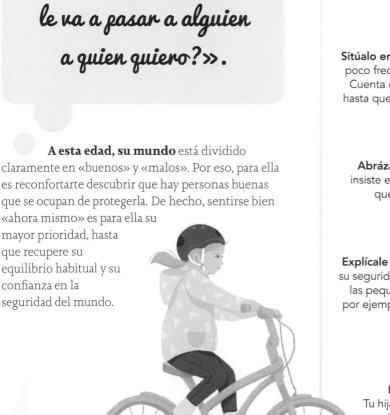

CÓMO REACCIONAR

En ese momento...

1

Escúchala Pregúntale qué sabe y cómo se siente. Si descubres lo que ha oído y pone nombre a sus temores, serás capaz de dar una respuesta sencilla a su preocupaciones concretas.

2

Sitúalo en su contexto Dile que esos atentados son poco frecuentes y por eso llaman tanto la atención. Cuenta con que seguirá preguntándote lo mismo hasta que la amenaza se le olvide. Repite con calma y firmeza la misma respuesta.

3

Abrázala más Dale cuantos abrazos necesite; insiste en hablar de las cosas positivas de la vida, que serán garantía de que el mundo es un lugar seguro.

4

Explícale cómo puede protegerse Tu hija cree que su seguridad no depende de ella. Por eso, háblale de las pequeños cosas que pueden darle seguridad, por ejemplo llevar el cinturón en el coche o ponerse un casco cuando monta en bici.

A largo plazo...

Limita la exposición a las noticias
Tu hija aún no sabe que cada imagen que se repite no es un nuevo incidente. Es mejor no exponerla a esas imágenes, porque aún no sabe situarlas en su contexto.

«Me gusta»

Los niños son curiosos, y una de las primeras cosas sobre las que quieren aprender es su cuerpo. Cuando descubren sus genitales, se dan cuenta de que tocarlos es más agradable que tocar otras partes del cuerpo. Por eso, muchos niños se tocan reiteradamente.

SITUACIÓN | Mientras estáis viendo una película, te das cuenta de que tu hijo tiene la mano metida en el pantalón.

ÉL DICE

«Me gusta».

Del mismo modo que los bebés descubren sus manos, sus pies y el ombligo durante su primer año, también descubren sus genitales. La coordinación manual de tu hijo ha mejorado y puede haber adquirido la costumbre de disfrutar de estas sensaciones placenteras.

CÓMO REACCIONES ANTE EL HÁBITO DE TOCARSE PUEDE DECIDIR QUE TU HIJO CREZCA ORGULLOSO O AVERGONZADO DE SU CUERPO.

PUEDES PENSAR

«Me siento incómoda. ¿Y si lo hace delante de los demás? No debería tener un comportamiento sexual a esta edad».

Aunque pueda resultarte incómodo verlo, tu hijo aún no sabe lo que es el sexo, así que tocarse no es un acto sexual, sino algo que hace para relajarse. Tranquilo, es un comportamiento normal y decaerá con el tiempo.

VER TEMAS RELACIONADOS
Quiero un abrazo: pp. 74-75
Me da miedo la oscuridad: pp. 98-99

¿QUÉ PIENSA ÉL?

«No entiendo qué tiene de malo tocar esta parte de mi cuerpo. Nadie se enfada cuando me toco otras partes».

Tocarse es una actividad relajante, como chuparse el dedo, no sexual. Puede que tu hijo se toque más cuando esté aburrido, tenso o con sueño. Le resulta distraído, placentero y reconfortante. Aún no lo asocia a sensaciones y pensamientos sexuales privados.

CÓMO REACCIONAR

En ese momento...

Ayúdale a descubrir otras formas de relajarse
Pregúntale qué más puede hacer para sentirse bien y dile que tocarse es una actividad privada. Conforme se vaya haciendo mayor y vaya comprendiendo la línea que separa lo público y lo privado, encontrará otras formas de reconfortarse más aceptables socialmente.

Mantén la calma Evita decirle «Para ya» o «Eso está mal», pues puedes hacer que sienta vergüenza. Si montas un escándalo, quizá lo haga más para llamar tu atención.

3

Prueba a distraerlo Si tu hijo se toca los genitales en público, ten un juguete o un libro a mano para dárselo. También su peluche favorito o su manta le darán consuelo.

A largo plazo...

Explícale la ciencia con sencillez Háblale de los cambios del cuerpo. Si tu hijo te pregunta por qué a veces el pene se pone duro, puedes hablarle de otras reacciones del cuerpo. Por ejemplo, muéstrale cómo las pupilas aumentan de tamaño cuando hay menos luz. Explícale que se trata de reflejos.

Reformula tu pensamiento
La palabra masturbación es un término cargado de connotaciones sexuales para muchos adultos y, por ello, puedes transmitir a tu hijo que es algo vergonzoso. Es mejor pensar en ello como «darse placer» o «autoexplorarse».

«¿Lo he hecho bien?»

Es normal que los niños reclamen la aprobación de sus padres. Con el tiempo, sin embargo, deben desarrollar también su propia motivación intrínseca para triunfar; por ello, deben lograr cosas para sí mismos y no solo para agradarte.

SITUACIÓN | **En un partido de tenis, tu hija devuelve la pelota dos veces seguidas.**

《 》

CON EL TIEMPO, LOS NIÑOS MEJORAN SI APRENDEN A ENORGULLECERSE DE SUS PROPIOS LOGROS.

ELLA DICE

«¿lo he hecho bien?».

Antes incluso de saber hablar, tu hija aprendió que era más probable que sonrieras y reaccionaras con afecto cuando hacía cosas que querías que hiciera y cuando hacía algo bien. También se sentía más feliz ante esta reacción, y así aprendió que quería agradarte. Tu hija siente una necesidad primitiva de aprobación, porque tu amor es para ella lo más importante del mundo.

VER TEMAS RELACIONADOS
¡Yo sola!: pp. 28-29
¡Mira lo que he hecho!: pp. 76-77

PUEDES PENSAR

«Si la elogio cada vez que lo hace bien, lo seguirá intentando y se superará».

Quizá pienses que, si alabas todo lo que hace tu hija, se seguirá esforzando. Los niños necesitan elogios para saber cuándo lo hacen bien, pero si la alabas demasiado puede llegar a depender en exceso de tu aprobación.

¿QUÉ PIENSA ELLA?

«Mamá y papá se ponen contentos cuando lo hago bien. ¿Me querrán así más?».

Si solo eres pródigo en amor y elogios cuando tu hija lo hace bien, puede llegar a creer que tu amor depende de su éxito. Es importante que desarrolle su propia motivación para triunfar.

CÓMO REACCIONAR

En ese momento...

①

Céntrate en el proceso Elogia su esfuerzo y perseverancia durante el proceso más que el resultado final.

②

Pregúntale cómo se siente Aunque es bueno que tu hija sepa que estás orgulloso de ella, igual de importante es que ella esté orgullosa de sí misma. Dale pie para que te diga si se siente orgullosa. Dile, por ejemplo: «¿Cómo te sientes?».

③

No dejes de apoyarla Aunque es importante no pasarse en las alabanzas, tampoco caigas en el extremo contrario por evitar elogiarla.

A largo plazo...

Sé específico En lugar de soltar automáticamente un «bien hecho», sé más concreto acerca de lo que ha hecho bien para que vea que realmente te das cuenta de lo que hace.

No incentives el comportamiento competitivo Dile a tu hija que la persona con quien tiene que competir es ella misma. De este modo siempre gana, porque con práctica siempre mejorará en cualquier cosa que intente.

«¿Tú también morirás?»

Los niños pequeños aún no comprenden que, cuando alguien muere, la muerte es definitiva: creen que es temporal o que el ser querido está durmiendo. Por ello, es útil saber cómo explicarle con tacto lo definitivo de este acontecimiento.

SITUACIÓN | Le has dicho a tu hijo que el abuelo ha muerto.

ÉL DICE

«¿Tú también morirás?».

PUEDES PENSAR

«No es necesario hablarle de la muerte a esta edad».

Una muerte en la familia desencadenará montones de preguntas. Quizá tu hijo piense: «El abuelo ha muerto mientras dormía. ¿Entonces todos podemos morir mientras dormimos? ¿Y si les pasa a mamá o a papá? ¿Quién va a cuidarme?». La información clara, abierta y sincera le tranquilizará.

Los niños pueden afrontar la idea de la muerte, pero, como tu hijo interpreta las cosas literalmente, es esencial que emplees vocabulario que exprese lo definitivo de la misma. Evita frases como «Se ha dormido» o «Le hemos perdido». Es importante que no le confundas ni le preocupes innecesariamente.

« »

AUNQUE TU INSTINTO PUEDA LLEVARTE A PROTEGER A TU HIJO, ES MEJOR SER ABIERTO QUE CONVERTIRLO EN UN TABÚ.

¿QUÉ PIENSA ÉL?

«¿Dónde está ahora el abuelo? ¿Va a dejar de estar muerto para que pueda volver a jugar con él?».

Para tu hijo es difícil captar que la muerte es permanente e irreversible, pues le cuesta comprender los conceptos abstractos de tiempo, como «mañana» o «siempre». Pero mientras no lo asuma, supondrá que el abuelo va a volver. Esta comprensión limitada se refleja también en cómo vive la pena. Los niños atraviesan «islas de dolor»: triste un rato, feliz un minuto después.

CÓMO REACCIONAR

En ese momento...

1

Sé abierto Explícale que, cuando alguien muere, su cuerpo no se mueve; no puede comer, hablar, respirar o sentir dolor, y no se despierta. Dile que todo el mundo muere, pero que eso no te va a pasar hasta que pase mucho tiempo.

2

Dale un motivo Explícale con sencillez por qué ha muerto el abuelo para que entienda que hay una razón para que su cuerpo haya dejado de funcionar: «El corazón del abuelo se ha agotado porque ha vivido mucho tiempo».

3

Relaciónalo con la vida Cuando se explica la muerte a un niño puede ser útil relacionarlo con otras experiencias que él conoce, como la muerte de una mascota o una planta, para que comprenda que es definitivo.

4

Pregúntale si quiere dibujar lo que siente Como los niños tienden a situarse en el centro de lo que ocurre, a veces imaginan razones por las que deberían sentirse culpables. En su interior, puede pensar: «El abuelo ha muerto porque no quise hacer lo que me dijo». Dale pie a que hable, dibuje o represente cómo se siente, y así podrá comprenderlo mejor.

A largo plazo...

Dale tiempo Es posible que tu hijo hable de ello durante meses, así que prepárate para más preguntas. Los niños también necesitan formas tangibles de duelo, por ejemplo ver fotos de familia, hacer una caja de recuerdos, soltar un globo con el nombre del abuelo o plantar un árbol.

VER TEMAS RELACIONADOS
Estoy triste: pp. 112-113
¿Nos van a hacer daño los malos?: pp. 140-141

«Me lo prometiste»

A esta edad, los padres son todo el universo de sus hijos: aprenden a confiar en el mundo confiando en sus padres. Por eso, cuando haces una promesa es importante que la cumplas, porque los niños ponen toda su confianza en que harás lo que has dicho.

SITUACIÓN | **Dijiste que llevarías a tu hija al parque, pero un trabajo urgente te impide ir.**

ELLA DICE

«Me lo prometiste».

A estas alturas tu hija conoce las normas que los adultos esperan que ella cumpla, entre ellas mantener sus promesas. Su sentido de la justicia supone que espera que tú hagas lo mismo. Si rompes tu promesa, recibirá el mensaje de que, para ti, tu trabajo es más importante que ella.

VER TEMAS RELACIONADOS

Me encanta estar contigo: pp. 88-89
Siempre estás ocupada: pp. 108-109

PUEDES PENSAR

«Se lo prometí. ¿Cómo iba a saber que surgiría esta urgencia el domingo?».

¿QUÉ PIENSA ELLA?

«Los adultos me fallan y no hacen lo que prometen».

No siempre es posible cumplir todas las promesas si cambian las circunstancias. Ver la decepción en la cara de tu hija puede ser difícil de soportar, pero resiste la tentación de apaciguarla; quizá te sientas mejor, pero a largo plazo hace más daño que bien.

A esta edad los niños tienen tendencia a pensar que sus padres pueden decidirlo todo, y por eso a tu hija le cuesta aceptar que otra persona (tu jefe) pueda decirte lo que debes hacer. Si ve que hay un buen motivo y que no puedes evitarlo, el daño tiene arreglo.

CÓMO REACCIONAR

En ese momento...

Pide perdón Empatiza con la decepción de tu hija y pídele disculpas. Dile lo importante que es para ti. Explícale que la vida no es perfecta y que tú también te sientes decepcionado.

②

Deja que elija una alternativa divertida Pregúntale qué quiere hacer –colorear, por ejemplo– mientras terminas el trabajo. Dile que después haréis algo especial como habíais planeado.

A largo plazo...

Protege el tiempo en familia No puedes prever todas las eventualidades, pero da prioridad al tiempo con tu hija; deja a un lado el móvil siempre que puedas y olvídate de los correos electrónicos.

No prometas demasiado Los niños tienen una memoria larga y selectiva para las cosas que desean. Ten cuidado con lo que dices y no utilices la palabra «prometer» a la ligera. Si no estás seguro, emplea mejor frases como «Estoy planeando...» o «Voy a intentar».

Hablad de las decepciones Enfrentarse a la decepción es una lección difícil pero importante que tu hija debe aprender. Cuéntale tu experiencia para que sepa cómo lo has afrontado y que lo has superado.

Separación y divorcio

Algunas familias se enfrentan al reto de una separación o de un divorcio. Es difícil para todos, pero para los niños puede ser especialmente aterrador ver que las dos personas en las que confía toman caminos separados.

Los padres suelen suponer que los niños saben adaptarse, pero un divorcio es un momento crítico para ellos, sobre todo si su vida va a cambiar significativamente respecto a la que llevaban antes.

Saber que sus padres ya no se quieren, adaptarse al ir y venir entre diferentes casas y la repentina ausencia de una de las personas que le han hecho sentirse seguro y amado son grandes retos para el niño.

A veces no es la ruptura lo que más daño les provoca, sino el conflicto y la agresión entre los padres; por ello, pensar las cosas bien y manejarlas con cuidado puede suavizar el impacto en su bienestar.

« » **CUANDO LOS ADULTOS MANTIENEN UNA BUENA RELACIÓN TRAS LA SEPARACIÓN, LOS NIÑOS SE RECUPERAN MEJOR DE SUS DESAFÍOS.**

1
Decídselo juntos
Muchos niños recordarán siempre cuando les hablaron de la separación. Presentad un frente unido y optimista para que no sea un recuerdo triste.

4
Evita los regalos para esconder tu sentimiento de culpa
Si le haces regalos especiales, sentirá que le estás sobornando para que oculte su tristeza.

7
Sed pragmáticos
Debéis seguir actuando en interés de vuestro hijo. Si dejáis los sentimientos a un lado, tomaréis mejores decisiones conjuntas.

9
Ten paciencia
Un niño puede tardar al menos dos años en recuperarse emocionalmente después de una ruptura.

Por edades

2-3
AÑOS

Dale mucho consuelo
Ante acontecimientos importantes, los niños se suelen desahogar estallando por pequeñas cosas. Abrázale mucho y no lo veas como un mal comportamiento.

Los retrocesos son normales
Los niños pueden sufrir retrocesos: llorar a la hora de acostarse, mojar la cama, tener ansiedad por separación. Ten paciencia.

4-5
AÑOS

Dilo en el colegio
Comunícaselo al profesor de tu hijo para que pueda estar al tanto de cualquier cambio de conducta.

Un frente unido
Sé amable y educado con tu ex para que tu hijo no se sienta incómodo al estar con los dos en reuniones o conciertos escolares.

6-7
AÑOS

No es culpa suya
A esta edad los niños pueden sentirse culpables porque no entienden la ruptura y tienden a llenar las lagunas ellos solos. Que tengan claro que no es así.

Ser realista
Es posible que tu hijo fantasee con una posible reconciliación, pero esto puede retrasar la recuperación y hacer que le resulte aún más difícil que te vayas. Dile que es una decisión adulta en la que no puede influir.

IDEAS PRÁCTICAS
10 pautas básicas

2
Contadle lo básico
Explicad que no sois felices juntos y habéis decidido vivir por separado, pero que seguís siendo amigos y cuidaréis de él sin peleas.

3
Tranquilizadlo
Explicad lo que va a suceder en su vida, no en la vuestra. Dad respuesta a su principal preocupación, que es quién va a cuidar de él. Decidle que los dos, pero la diferencia es que viviréis en sitios distintos.

5
Evita las críticas
Pase lo que pase entre vosotros, tu ex será siempre el único padre o madre de tu hijo. Mantente neutral delante de él o ella, o la hostilidad hará que se sienta dividido.

6
Escucha a tu hija
Tu hija sentirá distintas emociones, quizá también la ira. También querrá que sigáis juntos. Dile que no está mal estar triste. Deja que hable de la situación desde su perspectiva, sin tomar partido o querer imponer tu criterio.

8
Mira por ti
Cuídate para poder apoyar a tu hijo. Pide ayuda a amigos y familiares, o prueba en grupos de apoyo. Si hay problemas que resolver con tu ex, la mediación puede ser útil para evitar hostilidades.

10
Mantén las rutinas
Dentro de lo posible, trata de llevar una vida normal, con viajes, juegos con amigos y reuniones familiares, para que el niño sienta que su mundo sigue siendo seguro y previsible. Pídele a tu pareja que en su casa respete los mismos horarios.

«Lo quiero perfecto»

Todos los padres quieren que sus hijos se esfuercen, ya sea en el colegio, tocando un instrumento, practicando un deporte o en cualquier otra actividad. Pero a veces ellos mismos sienten que sus intentos no bastan.

SITUACIÓN | Cuando tu hija se da cuenta de que ha escrito una «S» al revés en una tarjeta de cumpleaños, la rompe.

En dosis moderadas, el perfeccionismo puede contribuir a que tu hija se esfuerce, pero hay niños tan centrados en hacerlo todo bien siempre que puede herir su autoestima e impedir que intente cosas nuevas. Existen dos tipos principales de perfeccionismo:

◉ **El perfeccionismo de agradar a otros** es cuando quiere que todos piensen que nunca se equivoca. Cree que los demás se reirán de ella si fracasa, lo que le puede generar ansiedad y la necesidad de hacerlo todo de una manera concreta para evitar que otros la juzguen negativamente.

◉ **El perfeccionismo para agradarse a sí misma** es cuando le gusta la sensación de orgullo que tiene al alcanzar su alto nivel de exigencia, pero quizá dependa tanto de la recompensa —una buena nota o el elogio de los profesores— que se sature y relegue sus otras necesidades a un segundo plano.

La página siguiente te ayudará a detectar los distintos tipos de perfeccionismo y comprender los desencadenantes.

« »

DILE A TU HIJA QUE TODO EL MUNDO SE EQUIVOCA Y QUE ESA ES LA MEJOR MANERA DE APRENDER.

VER TEMAS RELACIONADOS
Me rindo: pp. 96-97

EL CAMINO A SEGUIR

Evaluar el perfeccionismo

PERFECCIONISMO PARA AGRADAR A LOS DEMÁS

INDICIOS

Reaccionar excesivamente a los pequeños errores y romper o garabatear un trabajo que piensa que no está bien.

Creer que solo hay un modo de realizar una tarea.

Aplazar las tareas o no hacerlas.

Preocuparse en exceso por lo que piensen los demás.

Dejar de intentar las cosas por miedo al fracaso.

DESENCADENANTES

Deberes y tareas de clase que se van a valorar o comparar.

Tests y exámenes.

Actuaciones en público, como conciertos o reuniones escolares.

REACCIÓN

(1) **Agradece el esfuerzo** a tu hija, no el resultado final. Ayúdala a comprender que distrutar y aprender de una actividad es más importante que la perfección.

(2) **Dile** que esa voz interior que le dice que su trabajo «nunca es lo bastante bueno» no le permite pensar y que hace que se sienta triste y preocupada.

(3) **No le des ejemplo de excesivo perfeccionismo.** Mantén un nivel de exigencia razonable y no insistas continuamente en la importancia de los logros.

(4) **Explícale que los logros pueden medirse** en una escala del uno al diez y que no es posible conseguir el diez en todo. Muchas veces basta con la mitad.

(5) **Fomenta una mentalidad** de superación para que pase del «no puedo» al «voy a intentarlo».

PERFECCIONISMO PARA AGRADARSE A SÍ MISMA

INDICIOS

Tardar horas en hacer los deberes para que estén bien.

Querer participar en muchísimas extraescolares o tocar muchos instrumentos para demostrar sus capacidades.

Ignorar su necesidad de divertirse, jugar o descansar.

Compararse con los demás y alardear de sus logros ante otros niños.

DESENCADENANTES

Pruebas deportivas que no gana.

Tests, proyectos, exámenes y competiciones en las que se propone grandes metas o espera ganar a alguien.

Proyectos conjuntos en los que ha de trabajar con otros que no tienen su mismo nivel de exigencia.

REACCIÓN

(1) **No elogies** el trabajo de tu hija por ser mejor que el de otros niños. Celebra solo sus méritos.

(2) **Recibe con satisfacción** sus éxitos, pero no te excedas, para que no crea que su autoestima depende solo de sus logros.

(3) **Elogia las cualidades** que no pueden medirse, como la generosidad y el humor.

(4) **En vez de preguntar** qué nota ha sacado o cuántos goles ha metido en un partido, pregúntale qué ha aprendido o si se lo ha pasado bien.

(5) **No le demuestres tu amor ni la premies** solo por sus logros, como por ejemplo: «Si sacas buena nota, te compraré un juguete».

«No pintes en la pared»

Aunque los niños están aprendiendo muchas normas a esta edad, eso no significa que las cumplan siempre. Mientras tantean los límites y aprenden a controlar sus impulsos para dejar de hacer lo primero que se les pasa por la cabeza, seguirán rompiendo las reglas.

SITUACIÓN | **Pillas a tu hijo pintando en la pared, mientras repite la norma que está infringiendo.**

ÉL DICE

«No pintes en la pared».

PUEDES PENSAR

«Es muy travieso. Sabe que no debe pintar en la pared».

Tu hijo quiere probar cosas nuevas, pero a veces las normas se rompen. Verá este dibujo como un «accidente»: agarró un rotulador y vio la pared como si fuera un papel gigante. Ahora que le has recordado que no está bien, sabe que está en apuros y quiere decirte que conoce la norma perfectamente.

Cuando pilles a tu hijo, te sentirás desconcertado cuando te diga que sabe que no debía hacerlo. No se trata de un desafío. Has de entender que tiene un conflicto: las áreas de su cerebro que controlan los impulsos y el autocontrol aún se están desarrollando; de ahí que su afán de crear se haya impuesto sobre su conocimiento de las normas.

◆ VER TEMAS RELACIONADOS ◆

No he sido yo: pp. 122-123
¿Lo he hecho bien?: pp. 144-145

‹‹ ›› QUE LOS NIÑOS DIGAN QUE CONOCEN UNA NORMA NO SIGNIFICA QUE CONTROLEN SIEMPRE SU COMPORTAMIENTO Y LA RESPETEN.

¿QUÉ PIENSA ÉL?

«Me encanta mover el rotulador por la pared cuando pinto».

Tu hijo está aprendiendo la relación causa-efecto: cuando pone el rotulador en un sitio, el color aparece por arte de magia. En esta etapa del desarrollo (con un nivel de coordinación ojo-mano), es mucho más fácil y divertido dibujar en una superficie vertical.

CÓMO REACCIONAR

En ese momento...

①

Comprende su conflicto de emociones
Si tu hijo te repite la norma cuando le pillas con las manos en la masa, no te exasperes. Reconoce que aún no sabe explicar por qué sus impulsos se apoderan de él.

②

Pídele que te ayude a borrarlo Como consecuencia directa e inmediata, dile que te ayude a borrar el dibujo.

③

Explícale por qué no debe hacerlo Dile que no está bien pintar en las paredes porque no son suyas, y se supone que no debe hacerlo. Enséñale que «no escribimos ni dibujamos en las paredes».

A largo plazo...

Proporciónale otras opciones Puedes satisfacer su necesidad de pintar a gran escala comprando un rollo de papel y poniéndolo en un caballete vertical o dejándole dibujar al aire libre con tizas de exterior.

Fomenta su afición artística El dibujo es una de las mejores maneras por las que un niño expresa lo que piensa y siente, y además desarrolla su motricidad. Evita mostrarle tu talento artístico, pues se sentirá frustrado si ve que no puede igualarlo. Muestra interés, pero déjale que decida lo que quiere dibujar.

CAPÍTULO 4

tu hijo de

6 a 7

AÑOS

«Tengo que decirte una cosa»

Los niños viven totalmente en el presente hasta que tienen unos 7 años. Como están tan centrados en sus propias necesidades y no han aprendido todavía a controlar por completo sus impulsos, tienden a interrumpir a los adultos cuando están hablando.

SITUACIÓN | **Estás hablando por teléfono con una amiga y tu hija no deja de interrumpirte para hablarte de un juego nuevo.**

ELLA DICE

«Tengo que decirte una cosa».

Durante sus primeros años de vida, respondías de inmediato a las demandas y deseos de tu hija. Ahora le cuesta hacerse a la idea de que ya no es igual.

PUEDES PENSAR

« ¿Por qué me interrumpe siempre? No puedo ni tener una conversación».

Como quizá te fastidien sus quejas y a la vez te sientas culpable por ignorarla en ese momento, puedes estar enviándole mensajes contradictorios. Pero ten en cuenta que, si accedes a todas sus exigencias, tendrá la impresión de que solo importan sus necesidades.

« »

TU HIJA DEBE ENTENDER QUE SIEMPRE TE INTERESAS POR ELLA, AUNQUE ESTÉS OCUPADA.

CÓMO REACCIONAR

En ese momento...

Hazle una señal Con una sonrisa o un gesto de la mano hazle saber que la has visto y sabes que quiere algo. También puedes levantar los dedos para indicarle cuántos minutos tendrá que esperar.

②

Dale un marco temporal Tu hija ha empezado a comprender que el tiempo puede dividirse en porciones más pequeñas en las cuales hacer distintas cosas. Para evitar que piense que vas a tardar siglos en hacerle caso, dile: «Necesito 10 minutos para hablar tranquilamente con Juana; en cuanto termine, te haré caso».

A largo plazo...

Programa tus llamadas El tiempo con tu hija es valioso, y además los niños interpretan como rechazo el hecho de que estés muy ocupado para hablar con ellos. En la medida de lo posible, planifica las llamadas largas para cuando tu hija esté en el colegio o en la cama.

Planifica La prevención es la mejor manera de evitar las interrupciones. Prepara juguetes, libros o alguna actividad tranquila para cuando estés al teléfono. Si suena el teléfono, pregúntale a tu hija: «¿Necesitas algo antes de que empiece a hablar? ¿Cómo vas a entretenerte?».

Da buen ejemplo A veces los adultos olvidan que también ellos interrumpen a los niños. Sé respetuoso y educado si quieres que tu hija lo sea. Por ejemplo, dile: «Parece que te estás divirtiendo mucho con ese juego, pero voy a tener que interrumpirte en 2 minutos para que ordenes tus cosas antes de irte a la cama».

¿QUÉ PIENSA ELLA?

«No puedo esperar. Mamá me interrumpe a mí, así que yo también puedo hacerlo».

A esta edad, los niños están aprendiendo a aplazar la gratificación. Tu hija puede esperar durante cortos periodos de tiempo sin ponerse nerviosa, pero si el tiempo se alarga puede desesperarse y sentirse rechazada. Le parece natural interrumpirte, pues probablemente tú también se lo has hecho mientras jugaba.

VER TEMAS RELACIONADOS
Estoy aburrida: pp. 192-193

«¡No es justo!»

Al desarrollarse su sentido de la justicia, los niños pueden empezar a quejarse si sienten que no se les está tratando de manera imparcial, sobre todo en comparación con sus hermanos. Así empiezan los niños a cuestionarse las decisiones paternas, y también cómo funciona el mundo.

SITUACIÓN | **Tu hijo pregunta por qué tiene que irse a la cama una hora antes que su hermana de 9 años.**

ÉL DICE

«*¡No es justo!*».

PUEDES PENSAR

«*Es imposible. No puedo ganar*».

A tu hijo le resulta difícil perderse una situación en la que cree que van a suceder toda clase de cosas emocionantes en su ausencia. Quizá esté exagerando y, más que reaccionar realmente ante el hecho de tener que irse a la cama, se trate de cuánto tiempo pasa contigo.

Resulta exasperante que, pese a todos tus esfuerzos, los niños siempre busquen la ocasión de acusarte de injusto. Dicho esto, evita contraatacar con «La vida no es justa». Aunque pueda ser verdad, deja este comentario para cuando tu hijo sea mayor. Es un concepto demasiado complejo para este momento.

SI LE DEDICAS UN "TIEMPO ESPECIAL" CADA DÍA, PUEDE QUE EN OTRAS OCASIONES NO SE SIENTA TRATADO INJUSTAMENTE.

¿QUÉ ESTÁ PENSANDO?

«A veces creo que mis padres no me quieren tanto como a ella».

Los niños de esta edad están muy atentos al hecho de tener la misma cantidad de tiempo, de atención y de premios que sus hermanos; sin embargo, olvidan las veces en que se llevan la mejor parte. Quizá sienta que su hermana es tu preferida y quiera demostrarte que es tan mayor como ella.

CÓMO REACCIONAR

En ese momento...

(1)

Para y escucha Hazle saber que has escuchado su protesta diciendo: «Sé que estás enfadado, pero hay buenos motivos para que te vayas a la cama pronto».

(2)

Hazle saber los motivos Los niños de edades diferentes tienen necesidades diferentes. En el caso de niños de 6 y 9 años, el más pequeño necesita dormir más para que su cerebro se desarrolle a un ritmo más rápido. Dile que, cuando tenga 9, le dejarás acostarse más tarde.

(3)

Ser justo no es dar a los dos lo mismo Para que comprenda que cada niño necesita unas cosas diferentes, plantéale otra situación. Por ejemplo, si a su hermana le gustan los libros de hámsteres y a él no, ¿le regalarán a los dos el mismo libro por su compleaños?

(4)

Evita el debate Di que tu decisión es definitiva. Proponle que se vaya a la cama a leer el cuento que elija –así sentirá que controla algo la situación– y dile que mañana hablaréis de las normas.

A largo plazo...

Dedícale un tiempo especial Si tu hijo suele decir que le tratas injustamente, puede ser un síntoma de que siente que no recibe suficiente atención por tu parte. Reserva 10-15 minutos de tiempo a solas con él a diario además del rato del cuento. Y cuenta con él en otras decisiones familiares, como qué hacer para cenar o dónde ir de paseo, para que vea que su opinión cuenta.

VER TEMAS RELACIONADOS
¡Mamá dijo que podía!: pp. 164-165
Pero si no estoy cansado: pp. 190-191

«¡Te odio!»

Los niños sienten emociones más extremas que los adultos. Por eso, aunque tu hijo te adora cuando está contento, cuando las cosas no van como él quiere todo le parece terrible, incluyéndote a ti. En ese momento, interpretará su frustración como odio.

SITUACIÓN | **No dejas que tu hijo vea otro capítulo de su programa de televisión favorito.**

ÉL DICE

«*¡Te odio!*».

PUEDES PENSAR

«*¿Cómo puede decir eso? ¡Lo piensa de verdad?*».

Estas palabras te resultarán dolorosas, pero el arrebato de tu hijo es también una señal de que confía en que seguirás queriéndole diga lo que diga. Se siente seguro de poder expresar su rabia sabiendo que no le vas a rechazar.

Cuando quieres tanto a tu hijo, es doloroso escucharle decir algo tan cruel. Mientras aprende a expresar sus emociones, es importante que mantengas unos límites claros y no cedas a sus deseos, pese a lo intenso del momento.

<< >>

CUANDO TU HIJO TE DICE "TE ODIO", ESTÁ TRATANDO DE TRADUCIR EN PALABRAS SENCILLAS EMOCIONES INTENSAS QUE NO SABE CÓMO EXPRESAR.

¿QUÉ PIENSA ÉL?

«Odio que los mayores me digan lo que tengo que hacer. No es justo».

Las palabras «¡Te odio!» surgen de la parte emocional reactiva del cerebro de tu hijo, no de la parte lógica, y sentirlas no es lo mismo que pensarlas. Aún no tiene la soltura ni el autocontrol para decir: «¡Me encanta este programa y estoy enfadado porque no me dejas verlo todo el tiempo que quiero».

CÓMO REACCIONAR

En ese momento...

Mantén la calma Lo más probable es que tu hijo esté tan enfadado que no te escuche. Por tanto, no le digas «Yo sí te quiero» o «Sabes que en realidad me quieres», pues le avergonzarás. Si te ha dolido, apártate un momento de la situación para mantener el control de tus sentimientos.

Pon nombre a las emociones Como tu hijo está en un estado emocional exacerbado, pon nombre a sus sentimientos con frases cortas y claras para que sepa que comprendes que está enfadado, sin justificar su comportamiento.

3

Explora formas de manejar los sentimientos Sugiérele que, cuando esté frustrado o enfadado, respire hondo o apriete fuerte un juguete. Aunque le llevará tiempo, es el punto de partida para que aprenda a gestionar sus emociones.

4

Céntrate en la frustración de tu hijo Si te dices a ti mismo que sus palabras no van contra ti, serás capaz de mantener la calma.

A largo plazo...

Espera a que las aguas se calmen
No castigues a tu hijo. Más tarde se sentirá avergonzado, así que ayúdale a procesarlo explicándole la diferencia entre odiar y odiar las normas que le impiden hacer siempre lo que quiere por su propio bien.

VER TEMAS RELACIONADOS

¡Ojalá tuviera otra familia!: pp. 170-171
Nunca me dejas hacer nada: pp. 212-213

«¡Mamá dijo que podía!»

El hecho de que tu pareja y tú no os pongáis de acuerdo en algunas normas básicas puede resultar frustrante y, lo que es peor, perjudicial. Creará distancia y tensión en la pareja, además de confusión e inseguridad en vuestra hija.

SITUACIÓN | **Al llegar a casa te encuentras a tu hija con la tableta, pese a la norma «nada de tabletas entre semana».**

ELLA DICE

«¡Mamá dijo que podía!».

Los adultos suelen llegar a la paternidad con diferentes ideas acerca de cómo criar a los hijos. En consecuencia, el conflicto relativo a la educación —en concreto, el respeto a las normas— puede provocar tensión. Si os mantenéis unidos, tu hija comprenderá lo que se espera de ella y, a su vez, se sentirá más segura.

VER TEMAS RELACIONADOS
¡No es justo!: pp. 160-161
¡Dejad de pelearos!: pp. 188-189

PUEDES PENSAR

«*Siempre me preocupo de que no use la tableta entre semana. ¿Por qué mi pareja me lo pone más difícil?*».

¿QUÉ PIENSA ELLA?

«*Mamá y papá no se ponen de acuerdo en las normas. ¿Qué debo hacer?*».

Ponerse de acuerdo en las normas que los niños deben cumplir es una ardua tarea, así que posiblemente te moleste que tu pareja socave tus esfuerzos. También te enfadará que se cuestione tu autoridad y que tu hija haya descubierto cómo enfrentaros el uno al otro.

Tu hija aún no tiene la capacidad cognitiva para comprender por qué, pero se sentirá asustada, confusa y enfadada al ver vuestras opiniones enfrentadas. Aunque gane a corto plazo, se sentirá más segura y atendida si ambos estáis del mismo lado.

CÓMO REACCIONAR

En ese momento...

①

Muérdete la lengua Evita mostrar tu rabia o tu desaprobación delante de tu hija, pues eso socava la autoridad de ambos padres.

②

Reafirma la situación Cuando tu hija dice «Mamá dijo que podía», responde con calma: «Mamá y yo no siempre hacemos las cosas igual, pero hemos decidido que tienes que dejar la tableta ya». Restablece la norma para que tu hija sepa que debe cumplirla.

A largo plazo...

Formad un frente unido En otras ocasiones en que no estés de acuerdo en la forma en que tu pareja maneja una situación, pregunta: «¿Puedo ayudar?», en lugar de reprocharle lo que no te parece bien delante de tu hija.

Trabajad en equipo Siéntate con tu pareja y hablad de vuestros valores sobre la educación de los hijos. Compartid por qué son importantes para vosotros y alcanzad un punto de acuerdo intermedio.

No «compenses» Si tienes tendencia a ser el más estricto de los dos y sientes que tu pareja es más permisiva, no te vuelvas aún más estricto para compensar.

Buenos modales

Los eructos y bostezos son graciosos en un bebé. Pero al poco de empezar a hablar y andar, se espera que los niños se comporten como pequeños adultos y aprendan las normas de comportamiento social de los mayores.

Muchos padres desean enseñar buenos modales a sus hijos. Pero la buena educación es algo más que detalles como aprender a usar bien los cubiertos; se trata también de desarrollar la preocupación por las necesidades y los sentimientos de los demás, y tratarlos con respeto.

Los estudios demuestran que los buenos modales son una habilidad importante para hacer amigos y disfrutar del éxito profesional a lo largo de la vida.

Los niños pueden aprender buenos modales desde los 2 años, cuando comienza a desarrollarse su comprensión del mundo social y asumen que los demás también tienen sentimientos y hay que tratarles con educación. El sentido común te dirá si las expectativas sobre el comportamiento de tu hijo se corresponden con ese momento de su desarrollo. La clave está en la coherencia, la repetición y la paciencia.

1

Sé coherente
Tendrás que tomar una decisión consciente para criar a un hijo bien educado, porque deberás ser coherente y mostrar también tú buenos modales, tanto dentro como fuera de casa.

4

Organiza comidas familiares
El mejor sitio para aprender buenos modales es en las comidas familiares, donde los niños se sientan a la mesa con los mayores, usan los cubiertos, no levantan la voz, no hacen ruido al comer, mastican con la boca cerrada y esperan al final de la comida para levantarse.

6

Haz que sea divertido
Explícales que, si dicen las palabras «mágicas», como «por favor» y «gracias», es más probable que consigan lo que quieren.

IDEAS PRÁCTICAS

8 pautas básicas

2

Empieza por lo más sencillo

El mejor comienzo es animar a tu hijo a decir «por favor» y «gracias». Tan pronto como esto se convierta en algo natural, céntrate en añadir una o dos ideas más para que las domine antes de incorporar otras.

3

Fomenta el contacto visual

Con frecuencia los adultos y los amigos del colegio consideran más simpáticos a los niños que mantienen el contacto visual. Para que tu hijo practique, haz de ello un juego: pídele a tu hijo que averigüe el color de los ojos de las personas con las que habla.

5

Explícales por qué los modales son importantes

La cortesía consiste en tratar bien a los demás y que ellos te traten igual a ti. Háblales de cómo los buenos modales hacen la vida más fácil y agradable. Caerán mejor a los demás y la gente será más amable con ellos.

7

Felicítales

Hazles saber que valoras sus buenos modales con los demás y disfruta de su atención positiva cuando remarcas su comportamiento educado.

8

Buenos modales = habilidades sociales

Saludar a las personas mirándolas a la cara y esperar el turno para hablar son también habilidades importantes a la hora de convivir y hacer amigos.

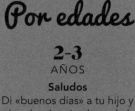

CONSEJOS A MEDIDA

Por edades

2-3 AÑOS

Saludos
Di «buenos días» a tu hijo y a los demás miembros de la familia todos los días.

Practica con los juguetes
Utiliza peluches, muñecas o marionetas para jugar a la hora de comer, y que aprenda a decir «por favor», «gracias», «de nada» y «perdón».

4-5 AÑOS

Una nota personal
Ahora que los niños están aprendiendo a escribir y dibujar, haz que dibujen o pongan su nombre en notas de agradecimiento y diles lo felices que se sentirán los demás.

Juegos de mesa
Jugar a juegos de mesa da a los niños la oportunidad de aprender a colaborar y esperar su turno mientras se divierten.

6-7 AÑOS

Un buen anfitrión
Cuando vayan a venir a jugar sus amigos, explícale cómo saludarlos en la puerta, preguntarles qué quieren hacer y despedirse al final.

Modales y sentimientos
Insiste en que sujetar la puerta o dejar el sitio a las personas mayores es una forma de reconocer su presencia y sus necesidades, y ellas lo agradecen y se sienten felices.

«Son malos conmigo»

Es terrible que tu hijo te diga que los demás han sido malos con él.
Y también es natural que quieras protegerlo. Sin embargo,
para aprender a socializar, los niños deben aprender a enfrentarse
a ciertas dificultades sociales «normales».

SITUACIÓN | **Tu hijo te cuenta que los demás niños no le han dejado jugar con ellos en el recreo.**

ÉL DICE

«*Son malos conmigo*».

PUEDES PENSAR

«*Están acosando a mi hijo. Tengo que hacer algo*».

No es raro que a veces los niños digan que no tienen amigos. A esta edad tu hijo es sensible porque está construyendo su identidad a partir de lo que sus compañeros piensan de él. Pero si lo dice con frecuencia, quizá sea porque debe aprender a interpretar las normas sociales y descubrir cómo participar en los juegos.

Aunque quieras protegerle, no es útil etiquetar cualquier acto de maldad como acoso o bullying, término que describe una campaña de más largo recorrido organizada por un niño más fuerte contra otro más débil para hacerle daño. Si este fuera el caso, busca ayuda.

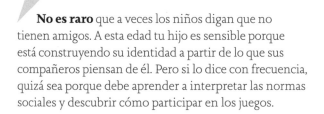

VER TEMAS RELACIONADOS

No quiero ir al colegio: pp. 172-173
Todos mis amigos tienen una: pp. 184-185

« »

COMO PADRE, TU LABOR ES ENSEÑARLE A AFRONTAR POR SÍ SOLO LOS PROBLEMAS CON LOS AMIGOS.

¿QUÉ PIENSA ÉL?

«No es justo que sean malos conmigo. ¿No voy a tener amigos nunca?».

Los amigos son fundamentales para el bienestar y la autoestima de un niño. A esta edad, los niños piensan que todo es blanco o negro. Por ello, si su amigo le dice, por ejemplo, que no quiere jugar con él ese día, puede sacar la conclusión general de que no cae bien.

CÓMO REACCIONAR

En ese momento...

Averigua los detalles Trata de descubrir más detalles. Pregúntale qué habría visto una cámara si hubiera grabado lo ocurrido. También podéis representarlo con juguetes.

②

Explícale que todo puede cambiar mañana Las amistades de los niños cambian rápido a esta edad. Dile a tu hijo que el hecho de que alguien haya sido malo con él hoy no significa que no vaya a divertirse jugando mañana.

Ayúdale a no tomárselo en serio No permitas que tu hijo se eche la culpa o piense que no cae bien. Recuérdale sus cualidades.

Sé objetivo Aparta los malos recuerdos de lo ocurrido a tu hijo; si reaccionas desproporcionadamente, el incidente se te puede ir de las manos. Tu hijo debe aprender que el conflicto es una parte inevitable de las relaciones.

A largo plazo...

Apóyale en casa Refuerza su autoestima dejándole claro que le quieres y te gusta estar con él. Los comentarios negativos de los demás no harán tanta mella en él si su confianza en sí mismo es fuerte.

«¡Ojalá tuviera otra familia!»

Siempre has hecho lo posible por crear un hogar lleno de amor y, por ello, te resultará doloroso oír a tu hija decir que desearía tener otra familia distinta cada vez que se enfada contigo. Identificar los sentimientos subyacentes te ayudará a reaccionar con calma.

SITUACIÓN | **Dices a tu hija que no puede ir al cumpleaños de una amiga porque debéis asistir a una celebración familiar.**

ELLA DICE

«¡Ojalá tuviera otra familia!».

PUEDES PENSAR

«¿Cómo puede decir algo tan hiriente cuando solo quiero lo mejor para ella?».

Como tu hija va pasando más tiempo fuera de casa, se da cuenta de que otras familias tienen diferentes normas y las comparará con las tuyas. También sabe ya que puede herir tus sentimientos. Ha perdido los nervios y, en ese momento, te dirá algo impactante para que cambies de opinión.

Quizá te sientas triste porque la observación de tu hija es como un rechazo del hogar que has creado, de tus valores y de la unidad familiar. También te sentirás culpable por los posibles errores cometidos en su educación, o por tu situación actual, si no es todo lo feliz que te gustaría.

VER TEMAS RELACIONADOS

¡Mamá dijo que podía!: pp. 164-165
Nunca me dejas hacer nada: pp. 212-213

¿QUÉ PIENSA ELLA?

«Me apetece mucho ir al cumpleaños. Otra familia me dejaría».

Tu hija está utlizando la «atención selectiva» para buscar evidencias que confirmen su punto de vista: si estuviera en otra familia, podría ir a la fiesta. Pero lo que en realidad piensa es que no entiendes cuánto desea ir.

CÓMO REACCIONAR

En ese momento...

1

No te lo tomes como algo personal
Tiene sentimientos encontrados y gestiona sus emociones proyectándolas sobre ti. Mantén tu pensamiento racional y recuerda que, al ser la persona que la ama incondicionalmente, eres el objetivo más seguro de su frustración.

2

Acepta el sentimiento subyacente Intenta no responder a la provocación y traduce en palabras su frustración para que sepa que la comprendes. Cuando se haya tranquilizado, dile que no pasa nada por enfadarse, pero que no hay motivo para ser desagradable.

3

Explícale tus razones Cuando la parte lógica de su cerebro haya recuperado el control, explícale que, aunque los cumpleaños son divertidos, las celebraciones familiares son más importantes. Ella es parte de la familia y la echarían de menos.

A largo plazo...

Considera su punto de vista Si tu hija se rebela, pregúntate si puede estar ocurriendo algo que la haga sentirse marginada, como un conflicto entre hermanos. ¿Te está suplicando más atención?

Acércate a ella Planea actividades para que se sienta parte de la familia. Cenad juntos y estableced rituales familiares, como ver una película el fin de semana.

«No quiero ir al colegio»

Todos los niños tienen un día raro en el que no quieren ir al colegio. Pero, dejando a un lado la enfermedad, puede haber otras razones para querer quedarse en casa. Si sucede repetidas veces durante varias semanas, averigua qué preocupa a tu hijo y por qué no quiere ir.

SITUACIÓN | **Tu hijo se niega a vestirse por la mañana y a ir al colegio.**

ÉL DICE

«No quiero ir al colegio».

PUEDES PENSAR

«Solo está haciendo teatro. Tiene que ir al colegio. Y yo tengo trabajo».

Si tu hijo no tiene síntomas de enfermedad, algo habrá detrás de su negativa. Ten en cuenta su carácter: ¿suele ser un niño activo o más bien poco dispuesto? ¿Puede tener algún problema? Cualquier malestar provoca ansiedad y puede hacer que quiera quedarse en casa.

Es fácil que sientas miedo debido a tus sentimientos contradictorios. ¿Está realmente enfermo? ¿Te está manipulando? ¿Deberías ser más estricto? Si trabajas, estarás preocupado por tener que pedir un día libre, y resentido si sospechas que no está enfermo.

VER TEMAS RELACIONADOS

¿Por qué tienes que ir a trabajar?: pp. 210-211

« » SÉ POSITIVO RESPECTO AL COLEGIO. EXPLÍCALE QUE VA A APRENDER COSAS QUE HAY QUE SABER PARA SER MAYOR.

¿QUÉ PIENSA ÉL?

«En casa estoy seguro y tranquilo».

El cuerpo de los niños es muy sensible a las emociones. Si tu hijo tiene ansiedad por algo, buscará la seguridad de estar en casa contigo. Lo cierto es que puede estar tan preocupado –por un examen o un problema con un amigo– que esto le provoque un dolor de tripa real.

CÓMO REACCIONAR

En ese momento...

①

Mantén la comunicación Ten paciencia con él y hazte eco de sus emociones para que sepa que le escuchas, pero mantente firme y no cedas.

②

Tómate tu tiempo Si te estás estresando, llama al colegio y explica que tu hijo va a llegar tarde y, en caso necesario, avisa también en el trabajo; así podrás afrontar la situación con más calma.

A largo plazo...

Haz más llevadera la mañana Divide el tiempo de prepararse para el colegio en pequeñas etapas. Elogia al niño por cada etapa que complete: levantarse, vestirse, desayunar y llegar al colegio.

Ayúdale a expresarse Pídele a tu hijo que cree un personaje que diga las cosas que le producen ansiedad. La próxima vez que sienta esas preocupaciones, pregúntale si habla su «duendecillo» y qué dice. De este modo, puedes trabajar con él para que se «se defienda» de las emociones.

Habla con su profesor y con su médico Trabaja con el colegio para identificar el problema. Es conveniente llevar al niño al médico para que descarte cualquier problema físico si menciona dolores de tripa o de cabeza.

«Es mi mejor amiga»

Cuando los niños van a la guardería suele gustarles jugar con cualquier niño. Si embargo, alrededor de los 6 o 7 años, es posible que tu hija busque un amigo especial con quien se entienda mejor y con quien prefiera estar.

SITUACIÓN | Tu hija te ha dicho que una niña de su clase es su «mejor amiga».

ELLA DICE

«Es mi mejor amiga».

PUEDES PENSAR

«¿Está forjando una amistad excluyente demasiado pronto?»

Con una amiga especial en el colegio, tu hija se siente más segura. Como teme que la dejen marginada, se sentirá feliz al tener la seguridad de que alguien quiere ser su amigo. También se sentirá orgullosa de que alguien la considere su mejor amiga.

Una amistad así será motivo de alegría y diversión si las dos niñas han conectado y se aprecian por igual la una a la otra. Dicho esto, no te preocupes si no tiene una «mejor amiga». A partir de ahora, buscará amigos con los que compartir sus pensamientos, y de este modo irá descubriendo dónde encaja.

LOS BUENOS AMIGOS HARÁN QUE TU HIJA SE SIENTA FELIZ EN EL COLEGIO, PERO TENER UN "MEJOR AMIGO" NO ES IMPRESCINDIBLE.

¿QUÉ PIENSA ELLA?

«Quiero que juegue solo conmigo».

El reverso de tener un amigo especial es que puede suponer una atadura. A medida que las relaciones sociales de los niños se van haciendo más complejas, pueden prometer amistad mientras se cumplan ciertas condiciones, o retirarla si el amigo juega con otros. También cambiarán de mejores amigos con frecuencia.

CÓMO REACCIONAR

En ese momento...

Sitúa la relación en su contexto Si tu hija te dice que tiene una «mejor amiga», alégrate y dile que te la presente.

2

Recuérdale a sus otros amigos Busca la ocasión de hablarle de los demás amigos. Y anímala a incluir al resto en sus juegos para que la amistad no se vuelva excluyente y no se sienta sola cuando inevitablemente pase por una mala racha.

A largo plazo...

Acostúmbrala a emplear también otros términos Los niños también pueden describir a sus amigos de confianza como «buenos» o «íntimos». Explícale que, si le da solo a uno el título de «mejor amigo», dará la impresión de que los demás son menos importantes.

No lo veas como un ideal Los mejores amigos proporcionan la seguridad de tener siempre un compañero, pero no estar atado a otra persona ofrece más libertad. Mientras tu hija sea feliz, está bien tenerlo y no tenerlo. Trata de que entienda esto.

Prepárate para los altibajos Los estudios han demostrado que será con esa amiga más cercana con las que más discusiones tenga. Por tanto, deberás apoyarla en esas situaciones. Dicho esto, dada su estrecha amistad, serán las primeras interesadas en hacer las paces.

VER TEMAS RELACIONADOS

Son malos conmigo: pp. 168-169
Tengo novio: pp. 196-197

Presión escolar

Ya en la escuela primaria los niños comienzan a enfrentarse de forma regular a controles sobre determinados temas, y es evidente que esta tarea será más fácil para unos que para otros.

Es normal preocuparse por los resultados de los niños en el colegio. Con todo, es importante mirarlo con perspectiva y recordar que la escuela solo mide un número limitado de capacidades.

Fomentar la resiliencia

Donde quiera que tu hija se sitúe en el espectro del rendimiento académico, refuerza la resiliencia ayudándola a sentirse competente en otras facetas de la vida, sobre todo las que no pueden medirse en el aula, como la generosidad o la creatividad.

Aunque tu hija obtenga buenos resultados en las pruebas escolares, insiste en que no esperas que las notas sean siempre sobresalientes y que basta con que lo haga lo mejor posible.

Déjale claro que tu amor es incondicional y no tiene que «ganárselo» con buenas notas.

« »

RECUERDA QUE LO MEJOR PARA LA FELICIDAD Y EL ÉXITO FUTUROS ES EL BIENESTAR EMOCIONAL, NO LOS RESULTADOS ACADÉMICOS.

1

Valora cualquier cualidad
Anima a tus hijos a verse a sí mismos como personalidades equilibradas que son algo más que la suma de logros sobre el papel. Reconoce y aprecia cualidades como el humor, la gratitud, las habilidades sociales, el autocontrol, el optimismo y la valentía.

4

Celebra la singularidad
En vez de comparar a tu hijo con otros niños, acepta la combinación de cualidades que hacen a tu hijo ser quien es.

6

Elogia el esfuerzo
En vez de alabar a tu hijo por una habilidad concreta, como ser «bueno en matemáticas», felicítale por las cualidades que domina, como la perseverancia y el esfuerzo. Explícale que siempre podrá mejorar en una asignatura.

8 pautas básicas

2
Utiliza la palabra «todavía»
Si a un niño le cuesta hacer algo, suele ser porque no ha tenido la oportunidad de aprenderlo o practicarlo. Acepta que el aprendizaje es continuo y que con práctica mejorará en cualquier actividad.

3
Haz de tu hogar un refugio
Aspira a hacer de tu hogar un lugar donde tus hijos puedan refugiarse del mundo y recuperarse del día de escuela. El tiempo libre, el aire puro, el ejercicio y las actividades familiares son tan importantes como los deberes.

5
Haz que compitan solo consigo mismos
Explícales que solo hay una persona a la que realmente importa vencer: a sí mismos. Así, cuando mejoren, siempre sentirán que ganan.

7
Reserva tiempo para el juego
Jugar y aprender no son dos cosas distintas. Los estudios demuestran que la ciencia y las matemáticas se aprenden mejor a través de la vida real y la experiencia. Los niños comprenderán el dinero, por ejemplo, si se les enseña a utilizarlo, y la ciencia si pasan tiempo en la naturaleza; así ven cómo funcionan estos conceptos en el mundo real.

8
Explícale cómo funciona su cerebro
Trata de que tu hija comprenda que el cerebro es como un músculo que con el ejercicio se hace más fuerte. Los niños mayores pueden comprender que los circuitos neuronales se desarrollan con la práctica y la repetición, y que las señales eléctricas establecen conexiones entre las células nerviosas para formar una red. Cuanto más conectadas estén estas células, más fuerte se hará la red, y así se conformará la memoria y, con el tiempo, una habilidad.

Por edades

2-3 AÑOS

Juego libre
Hasta los niños más pequeños detectan cuándo los adultos tratan de controlar sus juegos y «enseñarles» algo; por tanto, no conviertas el juego en una lección.

Lo sencillo es lo mejor
No cedas a sus demandas de juguetes tecnológicos o aplicaciones supuestamente destinadas a hacer al niño más listo. Los niños aprenden más de los juguetes sencillos.

4-5 AÑOS

Educación competitiva
Evita competir con otros padres sobre los niveles de lectura y matemáticas. Convertirlo en una carrera puede ser estresante para tu hijo.

Talentos naturales
Ayuda a tus hijos a sacar partido de actividades por las que se sienten atraídos, y así también se sentirán competentes en otras áreas.

6-7 AÑOS

Muéstrate interesado
Aunque tu hijo solo está empezando con los exámenes escolares, pregúntale qué está aprendiendo y qué nota ha sacado.

Reprímete Los niños suelen recibir los comentarios sobre sus deberes como una crítica, aunque sean constructivos. Insiste más en lo que hacen bien.

«Me aburren los deberes»

Algunos niños tienen bastantes tareas a partir de primaria. Pero, cuando un niño llega a casa después de todo un día de clase, lo último que suele apetecerle es sentarse a hacer los deberes. Por ello, muchos niños buscan excusas para no hacerlos.

SITUACIÓN | Tu hija se niega a sentarse a terminar los deberes.

ELLA DICE

«Me aburren los deberes».

PUEDES PENSAR

«¿Por qué siempre la misma lucha? He tenido un día muy duro».

Aclara lo que tu hija quiere decir cuando afirma que le aburren los deberes. ¿Quiere decir que no son tan divertidos como jugar o que no sabe hacerlos? Si la escuchas, la comprendes y la ayudas a revisarlos, es más probable que se ponga manos a la obra.

Tu hija está aprendiendo las habilidades y la autodisciplina que necesita para hacer los deberes. No te enfades por sus continuas negativas. No caigas en la tentación de ayudarla a hacerlos, pues enviarías un mensaje erróneo: si arma jaleo, se los harás. Tu misión es que adquiera buenos hábitos y aprenda a asumir responsabilidades.

CON UNA BUENA RUTINA, LOS DEBERES MEJORARÁN Y TU HIJA ESTARÁ MÁS DISPUESTA A PONERSE MANOS A LA OBRA.

¿QUÉ PIENSA ELLA?

«*Parece muy difícil. Quiero que los deberes desaparezcan*».

En esta etapa de desarrollo, tu hija mantiene la atención durante cortos espacios de tiempo, y lo último que quiere es hacer los deberes nada más llegar a casa. Además, han pasado horas desde la clase de matemáticas y teme no saber aplicar lo que le han enseñado.

VER TEMAS RELACIONADOS

¿Por qué tengo que practicar?: pp. 204-205

CÓMO REACCIONAR

En ese momento...

①

No insistas A la edad de tu hija, tan importante es aprender jugando como dedicarse a los deberes de matemáticas. Bastará con que lea y haga algo de cálculo mental a diario.

②

Realiza sesiones cortas y llevaderas Cíñete a las instrucciones del profesor acerca del tiempo que sus alumnos deben dedicar a los deberes. Un recurso visual, como un reloj de arena, le mostrará cuándo termina el tiempo de hacer la tarea. Siéntate cerca —con tus propios «deberes»– para así poder animarla y responder a sus preguntas.

A largo plazo...

Prémiala después Inmediatamente después de que tu hija complete la tarea sin quejarse, proponle jugar con ella. También puedes crear un tarro de recompensas; pon en él una piedrecita o una canica cada vez que haga los deberes sin protestar y acorda un regalito cada vez que reúna cinco.

Organiza un lugar de trabajo Crea un lugar donde hacer los deberes. La mesa de la cocina puede ser un buen sitio, pues así puedes estar cerca. Elimina cualquier distracción, como aparatos o juguetes, y equípalo con lápices, gomas, reglas, etcétera.

Acordad un tiempo fijo La hora puede variar en función de las actividades extraescolares de tu hija, pero poneos de acuerdo en un tiempo fijo para hacer los deberes todos los días y respétalo. Cuando se convierta en una rutina, serán una realidad cotidiana y habrá menos peleas.

«¡Soy el mejor!»

Como la aceptación de sus compañeros se convierte en algo
muy importante, a veces los niños piensan que los demás les querrán más
si dicen que son muy buenos en algo. Aún no se dan cuenta de que
la fanfarronería puede resultar exasperante.

SITUACIÓN | Tu hijo no deja de decir a los demás niños que es el mejor goleador.

ÉL DICE

«¡Soy el mejor!».

A esta edad los niños empiezan a ser conscientes de que son diferentes. Conforme tu hijo empieza a definirse como persona, compara sus logros, habilidades y posesiones con los de los demás. Puede llegar a creer que si impresiona a los otros niños, querrán ser sus amigos.

« »

LOS NIÑOS DEBEN SABER QUE NO TIENEN POR QUÉ COMPARAR SUS LOGROS CON LOS DE LOS DEMÁS PARA SENTIRSE BIEN.

VER TEMAS RELACIONADOS

Son malos conmigo: pp. 168-169
No soy tan listo como ellos: pp. 194-195

PUEDES PENSAR

«Los demás niños no le querrán si sigue alardeando».

¿QUÉ PIENSA ÉL?

«Y si soy bueno en algo, ¿por qué no puedo decirlo?».

Es bueno que tu hijo esté orgulloso y confíe en sus habilidades. Como cualquier padre orgulloso, quieres alabarle como se merece, pero puede que te sientas tentado de pedirle que no alardee, porque a la gente no le gustan los fanfarrones. Explícale que los demás también se sienten bien cuando les elogian.

Quizá tu hijo no entienda que no atrae a los demás siendo un fanfarrón. Aún no comprende que celebrar sus éxitos puede hacer que los demás sientan que están por debajo. Deberás hacerle ver cómo se sienten sus amigos cuando él no hace más que recordarles que es el mejor.

CÓMO REACCIONAR

En ese momento...

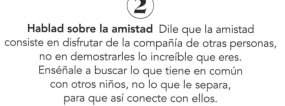

Hablad sobre las habilidades Explícale que cada cual destaca en algo y quizá sus amigos no tengan sus mismas fortalezas. Dile que, mientras él es bueno en fútbol, su amigo puede destacar en matemáticas o dibujo.

②

Hablad sobre la amistad Dile que la amistad consiste en disfrutar de la compañía de otras personas, no en demostrarles lo increíble que eres. Enséñale a buscar lo que tiene en común con otros niños, no lo que le separa, para que así conecte con ellos.

A largo plazo...

Demuéstrale tu amor incondicional En el colegio, tu hijo observará que a los niños se les cataloga y se les premia. Asegúrate de que en casa se sienta querido sin condiciones.

Sé justo en tus elogios Los estudios han demostrado que los padres que suelen decir a sus hijos que son más «especiales» que los demás les dan una imagen exagerada de sí mismos. Céntrate en darle amor y cariño sean cuales sean sus logros.

Alienta sus habilidades en casa Dile que estás orgulloso de sus esfuerzos y que, aunque está bien hablar detalladamente de los logros en casa con la familia, con sus amigos quizá sea mejor mencionarlos por encima.

«Me estás dejando en ridículo»

Seguro que, de pequeña, tu hija te decía que eras la mejor mamá del mundo o el papá más divertido y generoso. Por eso, te puede conmocionar la primera vez que tu hija te diga que actúas de un modo que la deja en ridículo.

SITUACIÓN | **Tu hija te ha dicho que no quiere que vuelvas a despedirte de ella con un beso en el patio del colegio.**

ELLA DICE

«Me estás dejando en ridículo».

PUEDES PENSAR

«Me da pena que ya no quiera que le dé un beso en público».

Dado que la conciencia social se intensifica en torno a esta edad, tu hija se da cuenta ahora de que su casa y su familia son distintas de las demás. También observa que los demás niños detectan estas diferencias y hablan de ellas.

Quizá te duela ver que la época dorada en que tu hija pensaba que todo lo hacías bien ha llegado a su fin. Lo cierto es que solo siente la presión de sus amigos. Aunque pueda costarte entender que le dé vergüenza darte un beso, no te lo tomes como algo personal.

VER TEMAS RELACIONADOS

Nunca me dejas hacer nada: pp. 212-213

CÓMO REACCIONAR

En ese momento...

No te enfades No te lo tomes como algo personal Tu hija no pretende hacerte daño. Cree que te está protegiendo de los juicios y comentarios de los demás niños.

②

Respeta sus deseos (dentro de un orden)
Ahora que tu hija es cada vez más consciente de sí misma, adáptate a sus peticiones razonables –que no la trates como una niña pequeña delante de los demás–, pues son una parte necesaria de su desarrollo. Es una señal de que se está convirtiendo en ella misma.

A largo plazo...

Recuerda tu propia infancia Es probable que de niño pensaras que tus padres te dejaban en ridículo, pero ahora que eres adulto aprecias las cualidades que les hacían diferentes. Recurre al humor para decirle que a su edad tú sentías lo mismo.

Pídele a tu hija que piense en cómo te sientes
Para que tu hija vaya aprendiendo a pensar en los sentimientos de los demás, recurre a frases con «Me siento» para explicar cómo te has sentido cuando te ha dicho que la estabas dejando en ridículo.

Colabora Demuestra consideración hacia tu hija preguntándole cuándo puedes besarla y abrazarla fuera de casa y cuándo prefiere que no lo hagas. Insiste en que es importante no dejarse llevar siempre por la presión de los demás.

¿QUÉ PIENSA ELLA?

«Mis amigos no se despiden de sus padres con un beso. Yo tampoco quiero».

Tu hija quiere encajar entre sus amigos y que tú también encajes, y eso significa no destacar entre los demás padres. No es que no te quiera (o no quiera que la beses en casa), sino que le preocupa que los demás niños puedan comentarlo.

SENTIR QUE TUS PADRES TE PONEN EN RIDÍCULO ES PARTE NATURAL DEL CAMINO HACIA LA ADOLESCENCIA.

«Todos mis amigos tienen una»

Conforme los niños van siendo conscientes del lugar que ocupan entre sus iguales, aprenden que les gusta encajar entre ellos. Y para encajar, dirán que «necesitan» dispositivos, juguetes y ropa. Tu respuesta es una oportunidad para relativizar la propiedad.

SITUACIÓN | **Tu hijo te ha pedido una tableta propia para poder jugar a los últimos videojuegos.**

ÉL DICE

«Todos mis amigos tienen una».

PUEDES PENSAR

«Quizá debería comprársela o se quedará al margen. Me esfuerzo trabajando para poder comprarle estas cosas».

En la actualidad tu hijo está expuesto a más publicidad orientada a alentar su consumismo. Al compararse con los demás, se ve aquejado por una poderosa fuerza: el miedo a quedarse al margen. Quiere lo que sus amigos consideran como «normal».

Tampoco los adultos pueden escapar a la presión de sus iguales. Puedes pensar que no eres un buen padre si no se lo compras. Quizá recuerdes cuánto deseabas el último juguete cuando eras niño y ahora quieras satisfacer su deseo. También puede que aflore la culpabilidad si no pasas suficiente tiempo con él.

VER TEMAS RELACIONADOS

No soy tan listo como ellos: pp. 194-195

¿QUÉ PIENSA ÉL?

«De verdad que la necesito. Mis amigos querrán jugar más conmigo si la tengo».

Como los niños de esta edad también forman jerarquías sociales, quizá crea inconscientemente que este objeto indispensable puede darle categoría en su grupo social. Aún carece de la experiencia vital para comprender que lo que importa son las cualidades personales, no lo que posee.

CÓMO REACCIONAR

En ese momento...

Pregúntale por qué lo quiere Hazte una idea de por qué tiene tanto interés por ese artilugio. Háblale de la diferencia entre «necesitar» y «querer».

Pon en perspectiva su petición
¿Lo tienen de verdad todos sus amigos, como afirma? Si hablas con otros padres, quizá descubras que en realidad no es así.

③

Permite sus deseos dentro de unos límites
Si te limitas a darle al niño la tableta de inmediato, dará por sentado que siempre va a conseguir lo que quiere. En vez de eso, proponle apuntar su petición en una «lista de deseos» para ver si lo sigue queriendo al cabo de unas semanas, o sugiérele dejarlo para su cumpleaños o para Navidad.

Ayúdale a que valore lo personal Explícale que no es posible comprar amigos y que la auténtica razón por la que los niños quieren estar con él es porque es divertido, porque colabora y juega sin hacer trampas, por ejemplo, no porque tenga el artilugio más moderno.

A largo plazo...

Enfréntate a la presión de los compañeros
Si tu hijo habla de lo que los padres de sus amigos les permiten, utiliza la frase «En nuestra familia» para que comprenda que cada familia tiene unos valores y unas prioridades.

El dinero

Para un niño, el dinero es algo que permite a los mayores ir a las tiendas y comprar lo que quieren. Hay que superar varias etapas de desarrollo para comprender lo que es, pero tú puedes hacer mucho para guiarle.

Aunque algunos padres piensan que los niños no tienen por qué conocer la realidad económica de la vida, los estudios han demostrado que es mejor iniciar a los niños en hábitos relacionados con el dinero cuando son pequeños; la actitud ante el ahorro y el gasto se asienta en torno a los 7 años.

Contar con una paga también contribuye a que aprendan cálculo mental. Además, manejar cantidades regulares de dinero es una buena manera de que los niños controlen sus impulsos, aprendan a ser pacientes, tengan fuerza de voluntad y aplacen la gratificación. Cuando descubren que ahorrar una parte de su paga para algo que realmente quieren les hace sentirse mejor que derrocharla en cosas inútiles, es un hito en su autocontrol. Además, aprender a ahorrar establece hábitos sensatos para toda la vida.

« »

SI VAS DE COMPRAS CON TU HIJO Y LE HABLAS DE LAS DECISIONES DE GASTO, LE PREPARAS PARA EL FUTURO.

1
Enséñales las nociones básicas
Hasta los 5 años, los niños ven las monedas como juguetes. Para aumentar su comprensión, jugad a las tiendas y explícales que las monedas diferentes tienen valores diferentes.

4

Enséñales de dónde viene el dinero
Si no se les explica, los niños pequeños creen que el dinero es gratis y que los cajeros se lo dan a todo el mundo. Haz que comprendan que el dinero se gana trabajando.

6
Explícales que el dinero se acaba
Los más pequeños no asumen que el dinero solo se gasta una vez. Dales 1 € y que compren, para que vean que, una vez pagado, ya no queda más.

9

Adapta la paga a la edad
En torno a los 6 años los niños tienen una comprensión suficiente del dinero como para recibir regularmente una paga. Una sencilla regla básica, para el futuro, es darles una cantidad igual a la mitad de su edad.

IDEAS PRÁCTICAS
12 pautas básicas

2
Practica con ellos
Tu hijo tiene que aprender a manejar las monedas y los billetes para aprender lo que es el dinero. Deja que practique pagando, y así aprenderá que comprar es una transacción.

3
Iníciales en el ahorro
Los estudios demuestran que es más probable que los niños a los que se enseña a ahorrar sigan haciéndolo de adultos. Reparte la paga en dos tarros: uno para gastar y otro para ahorrar.

5
Muéstrales los límites
Explícales por qué compras una cosa y no otra, para que vean cómo tomas decisiones según el valor de las cosas. Así les quedará claro que no puedes comprar todo lo que quieres.

7
Explícales cómo se compra con tarjeta
En un mundo en que cada vez se usa menos el dinero en metálico, explícales que utilizar la tarjeta es igual que sacar dinero de la cuenta bancaria.

8
Deja que se equivoquen
Aunque no estés de acuerdo con sus decisiones, deja que tu hijo se equivoque a la hora de comprar. Es mejor que aprenda con pequeñas cantidades de pequeño que más tarde con grandes cantidades.

10
No lo vincules a sus tareas
No hagas que tu hijo se gane la paga. Recibiría un mensaje confuso de que se le paga por hacer algo que debería hacer de todos modos.

11
Sé coherente
Si los niños reciben su paga siempre al mismo día a la misma hora, como si fuera un salario, empezarán a gestionar su dinero.

12
No se lo des por adelantado
Intenta no adelantarles el dinero. Si te lo piden, carga un pequeño interés para que se den cuenta de que los préstamos también cuestan dinero.

CONSEJOS A MEDIDA
Por edades

2-3 AÑOS
Jugar a comprar
Juega con tus hijos a las tiendas o a las cafeterías para que vean que el dinero puede cambiarse por cosas.

El tamaño lo es todo
A esta edad los niños creen que con una moneda pueden comprarlo todo. Muéstrales que con cada moneda y billete se compran cosas de distinto valor.

4-5 AÑOS
Dinero universal
Los niños creen que todo el mundo tiene dinero y que los bancos o los vendedores lo dan gratis. Explícales que el dinero se gana.

Sé realista
Una de las mejores maneras de enseñar a los niños lo que significa realmente el dinero es dejarles que lo toquen y paguen en las tiendas.

6-7 AÑOS
Listos y a la espera
Una vez que los niños saben contar y entienden cómo funciona el dinero, es el momento de empezar a darles una paga.

El hábito del ahorro
Enséñales que ahorrar es bueno, y elógiales por su autocontrol cuando ahorren. Haz que vean que el dinero crece en el tarro de cristal.

«¡Dejad de pelearos!»

La mayoría de los padres discuten delante de sus hijos en algún momento. Cuesta pensar con claridad cuando las emociones están exaltadas, pero manejar estos conflictos es crucial para el bienestar de tus hijos y su comprensión de las relaciones.

SITUACIÓN | Durante una discusión con tu pareja, tu hija os grita que dejéis de pelearos.

ELLA DICE

«¡Dejad de pelearos!».

PUEDES PENSAR

«Estoy tan enfadado que me da igual que mi hija lo vea».

Quizá tu hija no comprenda los motivos, pero sí registra el conflicto. Hay estudios que demuestran que hasta los bebés más pequeños muestran una elevación de la presión arterial y de las hormonas del estrés cuando oyen discutir a sus padres con rabia. Depende de ti en todo, así que ella lo siente como un terremoto.

Instintivamente sabes que para tu hija es desagradable oíros discutir, pero no puedes parar, pues ahora tu cerebro está en «modo primitivo» (cuando la parte de lucha o huida del cerebro domina y vence al pensamiento racional).

CONSIDERA QUE TU PAREJA Y TÚ PERTENECÉIS AL MISMO EQUIPO, Y QUE UNA DISCUSIÓN ES UN PROBLEMA QUE RESOLVER, NO UN CONCURSO QUE GANAR.

CÓMO REACCIONAR

En ese momento...

①

Tranquilízate En una discusión siempre hay dos problemas: tus emociones desbocadas y el problema real. Evita que tu hija sea testigo del primero reconociendo cuándo te está dominando el «cerebro inferior» reactivo. Haz que tu hija vea que te tranquilizas y di que tu pareja y tú hablaréis de ello más tarde.

②

Tranquiliza a tu hija Por encima de todo, los niños quieren sentirse seguros, así que explícale que una discusión no significa que no os queráis. Reconoce las discrepancias, dejándole claro que no es culpa suya, aunque estéis discutiendo por algo relacionado con ella. Dile: «Papá y yo estamos enfadados, pero lo vamos a solucionar».

③

Utiliza el conflicto para educar a tu hija en las emociones Si ven que lo arregláis y seguís adelante, los niños aprenderán que hasta las parejas felices discuten, que la rabia es una emoción normal, que no es malo expresarla y que las discusiones pueden resolverse con una buena comunicación.

A largo plazo...

No lo ocultes Quizá pienses que es mejor no mostrar un conflicto abierto, pero utilizar tácticas pasivas agresivas, como la indiferencia, es más confuso para los niños, que siguen captando la tensión.

Busca formas de solucionar vuestras diferencias
Si un niño asiste repetidamente a discusiones sin resolver, puede manifestar ansiedad, problemas de sueño y de concentración y dificultades con sus compañeros. Después de una pelea, escribe lo que la ha provocado, sin reproches ni acusaciones, y así podrás hablar de ello tranquilamente con tu pareja.

¿QUÉ PIENSA ELLA?

«¿Qué me pasará a mí si ellos se separan?».

Tu hija cree que los adultos deberían ser siempre cariñosos en sus relaciones y, por eso, si oye que os habláis con dureza, pensará que vais a separaros. Los niños tienden a pensar que el mundo gira a su alrededor, por lo que es probable que suponga que la pelea es por ella.

VER TEMAS RELACIONADOS
¡Mamá dijo que podía!: pp. 164-165
¡Ojalá tuviera otra familia!: pp. 170-171

«Pero si no estoy cansado»

Pese a que dormir lo suficiente es esencial para el crecimiento, la salud y el aprendizaje, los niños dedican mucha energía a evitar irse a la cama. Esta lucha puede complicarse más aún si tu hijo tiene la costumbre de jugar con dispositivos electrónicos antes de acostarse.

SITUACIÓN | **Es hora de irse a la cama, pero tu hijo se niega a dejar de jugar con el videojuego.**

« »

EL SUEÑO ES IGUAL DE IMPORTANTE QUE LA ALIMENTACIÓN SANA Y EL EJERCICIO PARA EL DESARROLLO.

ÉL DICE
___

«*Pero si no estoy cansado*».

A esta edad, los niños ya no se sienten «pequeños», por lo que se creen con derecho a acostarse más tarde. Como la presión de sus amigos aumenta, los niños de esta edad se jactan ante los demás de lo tarde que les dejan acostarse, y tu hijo querrá que creas que le mandas injustamente a la cama, antes que sus amigos.

VER TEMAS RELACIONADOS
¡No es justo!: pp. 160-161
Nunca me dejas hacer nada: pp. 212-213

PUEDES PENSAR

«Esto es lo último que necesito después de un día tan largo. Además, mañana se levantará de mal humor».

¿QUÉ PIENSA ÉL?

«Ahora ya soy mayor. Jugar es más divertido que irse a la cama».

Posiblemente temas la pelea que se avecina, porque la inmediata gratificación de un videojuego hace que a tu hijo le resulte muy difícil dejarlo. Y es posible que tengas razón: no dormirá lo suficiente y se levantará de mal humor.

La luz azul que emiten los dispositivos electrónicos interrumpe las hormonas inductoras del sueño, por lo que es cierto que tu hijo no tiene sueño. Los gráficos en movimiento también aceleran su cerebro, por lo que la transición al sueño le resulta mucho más difícil.

CÓMO REACCIONAR

En ese momento...

①

Haz la cuenta atrás Mantén la calma y avísale cinco minutos antes para que pueda terminar de jugar y prepararse para la transición. Los videojuegos sobreestimulan su cerebro, por lo que reaccionará peor si pierdes los nervios.

②

A cambio, proponle pasar tiempo contigo Aunque al principio protestará, tu hijo querrá pasar tiempo contigo. Preséntale el tiempo sin dispositivos electrónicos como un premio, no como un castigo.

A largo plazo...

Establece una puesta de sol digital Asegúrate de que tu hijo no utiliza dispositivos electrónicos al menos una hora antes de acostarse, de modo que sus hormonas del sueño se activen. Reintroduce el ritual del baño y el cuento de antes de dormir si ves que ha ido decayendo.

Reajusta su hora de irse a la cama Conforme se hacen mayores y tienen más que hacer después del colegio, las rutinas de sueño de los niños se abandonan, y su humor, su concentración y su rendimiento escolar pueden verse afectados.

Haz que vea los beneficios del sueño Destaca lo bien que se siente después de dormir bien para que vea la conexión por sí mismo. Cuanto más hables con tu hijo del tema fuera de esos momentos, mejor comprenderá que es por su propio bien.

«Estoy aburrida»

Los niños suelen rebosar entusiasmo y, por eso,
quizá te preocupe pensar que no estás motivando suficientemente
a tu hija cuando te diga que está aburrida. Pero a los niños hay que
dejarles a su suerte para que aprendan a ocuparse por sí mismos.

SITUACIÓN | **Tu hija dice que no tiene nada que hacer y no le interesan sus juguetes ni sus juegos.**

ELLA DICE

«*Estoy aburrida*».

PUEDES PENSAR

«*Tiene demasiadas cosas. ¿Y tengo que entretenerla cada segundo?*».

El aburrimiento puede ser algo bueno, pues es señal de que tu hija tiene tiempo para hacer lo que quiere. En los niños, la manida frase «Estoy aburrida» puede significar otras cosas: que tratan de mencionar otro tema que les preocupa, que se siente desganada y no sepa por qué o que demande tu atención.

Algunos padres caen en la trampa de creer que deben estar «construyendo» constantemente el cerebro de su hijo con toda clase de actividades. Sin embargo, los estudios demuestran que no tener nada que hacer estimula el pensamiento y la creatividad del niño. No te sientas culpable si se queja de aburrimiento.

APRENDER A COMBATIR EL ABURRIMIENTO ES UNA HABILIDAD ESENCIAL EN LA VIDA. DESCUBRIR QUÉ HACER CON SU VIDA LE LLEVARÁ TIEMPO Y PRÁCTICA.

CÓMO REACCIONAR

En ese momento...

Acepta sus sentimientos Escúchala y dile que sabes cómo se siente. Dile que, aunque el aburrimiento es extraño e incómodo, esa sensación pasará pronto cuando deje que su cerebro la guíe hacia una nueva actividad.

No adoptes tú las soluciones Si tu hija cuenta con las opciones habituales –juguetes, libros, materiales para manualidades y juego al aire libre– no te corresponde a ti «solucionar» su aburrimiento. Deja que se le ocurran sus propias ideas.

③

Desafía a tu hija Sugiérele que escriba una lista de todos sus juguetes, para que recuerde los que tiene, rebusque entre los más viejos o cree algo y te lo enseñe. De este modo, explorará actividades por sí sola, pero también confirmará que cuenta con un público interesado. Elogia sus esfuerzos.

A largo plazo...

Deja la culpa a un lado En lugar de sentir que «no tener nada que hacer» es un fracaso por tu parte, considéralo una oportunidad de que tu hijo fantasee, se relaje y deje volar la imaginación.

Reserva tiempo al juego libre Algunos estudios confirman que las actividades extracurriculares hacen que los niños tengan mucho menos tiempo sin estructurar que antes. Esto puede hacer que los niños tengan sensación de pérdida cuando tienen tiempo. Proporciona a tu hija más tiempo libre para que desarrolle aficiones y pasatiempos con los que entretenerse.

¿QUÉ PIENSA ELLA?

«Sin colegio, sin tableta y nadie con quien jugar. ¿Y ahora qué hago?».

A veces los niños se quejan de aburrimiento cuando buscan algo que atraiga por completo su cerebro o si no saben qué hacer después. Con el tiempo, tu hija descubrirá qué hacer sin la ayuda de los adultos y, de este modo, se conocerá cada vez mejor a sí misma.

VER TEMAS RELACIONADOS

Me aburren los deberes: pp. 178-179

«No soy tan listo como ellos»

Para el padre de un niño que acaba de empezar a recibir clases «serias» en el colegio, puede resultar preocupante oírle decir que no es capaz de seguirlas. Tu forma de reaccionar influirá en su autoestima y reforzará su motivación para seguir aprendiendo.

SITUACIÓN | **Tu hijo te dice que está en la mesa amarilla, donde se sientan los niños que tienen problemas con las matemáticas.**

ÉL DICE

«No soy tan listo como ellos».

PUEDES PENSAR

«Su confianza es muy escasa. ¿Debería ponerle un profesor particular?».

Ahora que tu hijo va al colegio con otros niños, empieza a comprender que los demás tienen diferentes capacidades y se compara con ellos. Aunque duela escucharlo, su autoevaluación es una parte natural de su desarrollo, y ahora es más importante que nunca apoyar su confianza en sí mismo.

Es fácil sentir pánico al oír a tu hijo decir que sus capacidades son inferiores. Puede inquietarte pensar que, si pasa apuros ya, los va a pasar siempre y, si no lo «solucionas», perderá la confianza y dejará de esforzarse.

VER TEMAS RELACIONADOS
No quiero ir al colegio: pp. 172-173
No soy guapa: pp. 216-217

« »

EXPLÍCALE QUE ES MEJOR COMPETIR CONSIGO MISMO QUE CON LOS DEMÁS, PORQUE ASÍ MEJORARÁ Y GANARÁ SIEMPRE.

¿QUÉ PIENSA ÉL?

«Si ahora no soy bueno en mates, no lo seré nunca».

A esta edad, los niños piensan en términos de «siempre» o «nunca». Por eso, tu hijo puede pensar que, si ahora no es bueno en matemáticas, no lo será nunca. También es posible que interiorice este mensaje (como un diálogo interno negativo) y esto, a su vez, hará que le resulte más difícil pensar con claridad cuando tenga que enfrentarse a los ejercicios de matemáticas.

CÓMO REACCIONAR

En ese momento...

1

Escucha y acepta Aunque tengas la tentación de decirle: «No digas tonterías; tú eres muy listo», es mejor admitir sus sentimientos que rechazarlos. Explícale también que cada niño aprende a su ritmo, pero que al final todos dominan las mismas competencias.

2

Sé cariñoso y comprensivo No caigas en la tentación de ser demasiado estricto. Fortalecer la confianza en sí mismo como alumno será un apoyo más eficaz que introducir medidas para mejorar su rendimiento académico, lo que solo acrecentaría su ansiedad.

3

No refuerces el mensaje Es probable que quieras consolar a tu hijo compartiendo con él el hecho de que tampoco tú eras bueno en matemáticas en el colegio, pero así le envías el mensaje de que está destinado a lo mismo. Por el contrario, explícale cómo mejoraste con esfuerzo.

A largo plazo...

Elogia el esfuerzo Cuando le veas hacer los deberes de matemáticas, felicítale por esforzarse.

Refuerza otros talentos Recuerda a tu hijo que hay muchas maneras de ser «inteligente» que no tienen que ver con el colegio.

«Tengo novio»

A medida que se van dando cuenta de las diferencias entre niños y niñas,
los niños prefieren jugar con amigos de su mismo sexo.
Pero si tienen un amigo del sexo contrario, algunos imitarán
a los adultos y dirán que son «novios».

SITUACIÓN | **Tu hija llega a casa con una tarjeta de un niño de su clase donde pone «Para mi novia».**

ELLA DICE

«Tengo novio».

PUEDES PENSAR

«Es demasiado joven para tener novio. ¿De dónde ha sacado esa idea?».

En este sentido, es más probable que se trate de un niño que es su amigo, no de alguien por quien se siente sexualmente atraída. Pero, como se han puesto las etiquetas de «novia» y «novio», puede que se den un abrazo o un beso en la mejilla.

La idea de una supuesta relación romántica quizá te sorprenda, pero a esta edad los niños juegan a representar lo que hacen los adultos. Dado que ha alcanzado una etapa de desarrollo en que puede representar situaciones que aún no ha experimentado, puede incluso llegar a decir que «se han casado».

APRECIA POR IGUAL TODAS LAS RELACIONES DE TU HIJA. EXPLÍCALE QUE UN AMIGO ES UN AMIGO, SIN IMPORTAR SI ES NIÑO O NIÑA.

¿QUÉ PIENSA ELLA?

«Es un chico y es mi amigo, así que es mi novio».

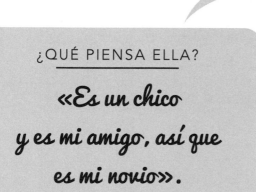

Tu hija está explorando el funcionamiento de las «normas» de la sociedad y puede que haya oído a los mayores hablar de novios y novias. O quizá se esté inclinando hacia un punto de vista más polarizado del género y crea que necesita un novio para ser de verdad una mujer. Muchos niños no se plantearán si juegan con niños o niñas hasta que la actitud de los adultos les haga sentirse más cohibidos.

VER TEMAS RELACIONADOS
Son malos conmigo: pp. 168-169
Es mi mejor amiga: pp. 174-175

CÓMO REACCIONAR

En ese momento...

1

Pregúntale qué quiere decir Descubre lo que tu hija entiende por «novio». Quizá solo se trate de una ilusión y el otro niño no sepa nada.

2

Explica la diferencia Dile que un amigo que es un niño no es lo mismo que un «novio». Explícale que solo los mayores tienen novios y novias.

3

No profundices Evita decirle a tu hija lo bonito que es tener novio. Tampoco describas esta amistad en términos de adultos, ni le des importancia preguntándole por la marcha de la relación.

A largo plazo...

Organiza una reunión para jugar Si realmente parecen ser amigos, organiza una quedada para que puedas ver cómo juegan juntos.

Anímala a tener muchos amigos A esta edad, los niños son cada vez más conscientes de su estatus en un grupo de iguales. Es posible que tu hija sienta que debe impresionar, parecer «especial» o sentirse más avanzada socialmente diciendo que tiene novio. Si crees que está tratando de reafirmar su estatus, muéstrale otros modos de reforzar su autoestima y ayúdala a desarrollar un círculo amplio de amigos.

«¡Ya no quiero jugar!»

Muchas veces a los padres les gusta ver esas primeras señales de espíritu competitivo en su hijo. Sin embargo, aunque quieras que tu hijo se esfuerce por lograr sus objetivos, ser demasiado competitivo puede pasar factura a sus relaciones sociales.

SITUACIÓN | Tu hijo dice que no quiere seguir jugando a las cartas con un amigo porque va perdiendo.

ÉL DICE

«¡Ya no quiero jugar!».

Hasta los 4 años más o menos, a los niños les encanta jugar en grupo y ayudarse unos a otros. Pero conforme amplía su grupo social, el niño empezará a comparar sus habilidades con las de otros, y empezará un comportamiento claramente competitivo.

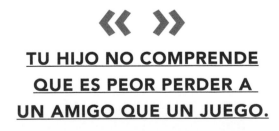

TU HIJO NO COMPRENDE QUE ES PEOR PERDER A UN AMIGO QUE UN JUEGO.

PUEDES PENSAR

«Tiene que aprender a competir, pero si no soporta perder nadie querrá jugar con él».

Puede que creas que tu hijo necesita una actitud de ganador para salir adelante, pero aún tiene que aprender a respetar las normas y a tolerar la frustración y el instinto agresivo.

VER TEMAS RELACIONADOS
¡Soy el mejor!: pp. 180-181

¿QUÉ PIENSA ÉL?

«Perder no es divertido. Haría cualquier cosa para ganar».

Ahora tu hijo está intentando encontrar su lugar en una jerarquía social. Si tiene una personalidad dominante, querrá mandar y ganar para hacer valer su autoridad e impresionar al resto. Quizá aún no haya aprendido que debe haber un equilibrio entre sus ganas de hacerlo bien y su deseo de jugar en grupo.

CÓMO REACCIONAR

En ese momento...

①

Hablad de cómo aceptar la derrota Dile a tu hijo que no puede ganar todo el mundo y que la próxima vez el resultado quizá sea diferente. Si se siente hundido por haber perdido, dile: «Entiendo que estés enfadado, pero es solo un juego y tienes que controlar tu frustración».

②

Haz hincapié en el trabajo en equipo Explícale que la cooperación y el respeto mutuo entre los compañeros de juego son tan importantes como ganar. Pregúntale cómo pueden cambiar la forma de jugar para que todos se diviertan.

③

Háblale de la deportividad Explícale que debe seguir jugando limpiamente, aunque pierda, o los demás no querrán jugar con él. Proponle ejemplos de deportistas profesionales que pierden con dignidad y de buen grado.

A largo plazo...

Mide tus palabras ¿Le estás trasmitiendo tú la idea de que este mundo es despiadado y que tiene que ganar cueste lo que cueste? Ten cuidado con lo que dices.

Haz que juegue con otros niños Anímale a jugar a juegos de mesa con otros niños que puedan ser un modelo de buen comportamiento y muéstrale que puede seguir divirtiéndose sin necesidad de ganar siempre.

El mundo digital

Tu hijo está creciendo en la era digital. Al haberse generalizado el uso de la tecnología, los niños manejan dispositivos y acceden a internet cada vez antes. Es crucial que los padres les enseñen a utilizarlos con seguridad.

Aunque los niños se sienten seguros a la hora de usar internet, su conocimiento del mundo no está lo bastante desarrollado como para comprender todos sus riesgos. De ahí la importancia de tu intervención y tu apoyo.

Ver el potencial

No todo el tiempo que se pasa delante de una pantalla es igual; se puede mirar pasivamente, implicarse activamente, comunicarse por vídeo o mensaje, o ser creativo. Por tanto, considera la tecnología como un recurso extra para disfrutar de los documentales de naturaleza, jugar juntos con una aplicación, reservar un rato para hablar con los abuelos o buscar ayuda con los deberes.

Asegúrate de que el tiempo en internet no le resta tiempo para otras actividades, como leer libros, dibujar o jugar al aire libre. Y tendrás que supervisar el uso que haga, pues lo nuevo le llama la atención y no lo controla.

« »

ENSEÑA A TU HIJA A USAR INTERNET DE MANERA SEGURA Y ADECUADA A SU EDAD.

1
Limita el tiempo
Los estudios demuestran que es bueno que los niños de 2 a 5 años dediquen solo 1 hora al día a aplicaciones de calidad o videojuegos.

4
Búsqueda con seguridad
Crea listas de páginas web adecuadas y de buscadores seguros para los niños, de modo que los resultados de sus búsquedas sean apropiados para su edad.

6
Utiliza bien la tecnología
Aprende, crea y conéctate con tu hija, en vez de distraerla pasivamente.

9
Di «no» al móvil
Los móviles son potentes miniordenadores. Aunque los niños ya lo pidan, es demasiado pronto para proporcionárselo. Déjalo para cuando tengan más de 10 años.

IDEAS PRÁCTICAS
12 *pautas básicas*

2
Da buen ejemplo
Pasa tiempo con tus hijos
sin usar el móvil
y sé un ejemplo de buen
usuario digital.

3
Sin dispositivos electrónicos
La hora de comer o el tiempo que pasáis
fuera de casa podéis prescindir de los
dispositivos electrónicos, de modo que no
interrumpan la vida familiar. Los niños lo
aceptarán si toda la familia lo hace.

5
Compra un despertador
Si tu hija se lleva la tableta a la
habitación tendrá la tentación de
utilizarla cuando deba estar
durmiendo. Una «puesta de sol
digital» (nada de dispositivos
electrónicos una hora antes de
acostarse) puede evitar que la
tableta perturbe su sueño.

7
Pon los dispositivos en lugar visible
Déjalos en las zonas comunes,
como la cocina, para poder ver
cómo utiliza internet y compartir
sus hallazgos.

8
Hablad
Hazle saber que estás al tanto
del mundo digital. Pregúntale qué
ha visto hoy en internet o a qué juegos
está jugando.

10
Dile que lo deje
Si tu hija ve algo
desagradable
o inquietante, dile
que cierre el portátil
o que ponga la tableta
boca abajo y vaya a
contárselo a un adulto.

11
**Respeta las restricciones
de edad**
La edad mínima para
muchas redes sociales
es de 13 años. Permitirle
el acceso antes supone
que no estará preparada
para las cosas a las que
se verá expuesta.

12
**Nada de niñera
electrónica**
No dejes que tu hija se
acueste con un dispositivo
electrónico. Necesita que
le cuentes un cuento,
tanto por su desarrollo
social como lingüístico, y
para sentirse apreciada.

CONSEJOS A MEDIDA
Por edades

2-3
AÑOS

Tú decides
Los niños sienten fascinación
por los dispositivos
electrónicos, pero tu hijo
no va a quedarse «atrás»
si decides esperar y
no dárselos aún.

**Papel activo y sesiones
breves** Si quieres que tu hija
explore en dispositivos
electrónicos, hacedlo juntos.
Jugad con fotos o vídeos,
y busca aplicaciones
apropiadas para su edad
en las que pueda adoptar
un papel activo. Las sesiones
no deben exceder la
media hora.

4-5
AÑOS

Premios Dile a tu hijo
cuánto te gusta jugar con él
cara a cara en vez de tener
una pantalla de por medio.

Ayuda con los deberes
Los niños utilizan los
ordenadores en el colegio,
así que acostúmbrate a que
siga utilizándolo en casa
para hacer los deberes.

6-7
AÑOS

La privacidad es esencial
Explícale que nunca debe
dar información personal ni
compartir fotos privadas.

**Ofrécele la imagen
completa** Los niños no se
dan cuenta de que su uso
de la red es rastreado
por páginas web y utilizado
para enviarles publicidad,
así que explícaselo.

«¿De dónde vienen los niños?»

A esta edad, los niños empiezan a oír a sus amigos hablar de cómo los adultos hacen los bebés. Prepárate para hablarle de sexo de una manera delicada, adecuada para su edad, de modo que tu hijo no se sienta confuso ni preocupado.

SITUACIÓN | Tu hijo ha oído contar a sus amigos cómo las mamás y los papás hacen los bebés. Quiere saber si es verdad.

ÉL DICE

«¿De dónde vienen los niños?».

PUEDES PENSAR

«Es demasiado pequeño para saber algo tan de adultos. No quiero equivocarme al explicárselo».

Los niños sienten curiosidad por saber cuál es su lugar en el mundo y de dónde vienen los niños. Si no saben la verdad, utilizarán el «pensamiento mágico», y eso significa que crearán una historia para explicar lo que no entienden. Por ejemplo, pueden imaginarse que cuando alguien quiere un bebé, no tiene más que ir al hospital y pedirlo.

Probablemente te pongas nervioso por querer dar con las palabras justas para no asustar a tu hijo. Quizá también te sientas incómodo por tener que desvelarle una parte íntima de ti mismo y que descubra que es así como lo concebisteis.

VER TEMAS RELACIONADOS
¿Qué es un extraño?: pp. 206-207
Mi diario: ¡no tocar!: pp. 208-209

¿QUÉ PIENSA ÉL?

«He oído decir a otros niños que el papá pone la colita dentro de la mamá para hacer un bebé, pero no puede ser verdad».

A estas alturas, tu hijo ya es más consciente de las diferencias entre niños y niñas. Lo que ha oído puede parecerle raro o incluso desagradable. Pregunta para asegurarse de que la verdad no es tan extraña como parece. Con todo, en esta etapa solo es capaz de enfrentarse a una introducción de los mecanismos básicos de la reproducción.

CÓMO REACCIONAR

En ese momento...

Entérate de lo que sabe tu hijo Pregúntale de dónde cree que vienen los niños. Una vez que veas su nivel de conocimiento, podrás responder con el vocabulario adecuado y aclarar cualquier malentendido.

②

Describe lo básico Utiliza un lenguaje sincero que te resulte cómodo. Por ejemplo, di: «Un tipo especial de semilla, llamado esperma, sale del pene de papá y sube nadando por la vagina de mamá hasta encontrarse con un huevo. Cuando se encuentran, empieza a crecer un bebé».

Para en el momento justo Si tu hijo reacciona con un «¡Puaj!», tómatelo a risa y di que es lo que a veces hacen los mayores para sentirse unidos y demostrarse amor. Deja ahí la conversación si no hay más preguntas. Significa que tiene suficiente información y necesita tiempo para procesarla.

A largo plazo...

Seguid hablando Cuando tu hijo se vaya haciendo mayor, deja que el tema vuelva a surgir con naturalidad y ve añadiendo más elementos, como que el sexo es bueno entre adultos que se quieren. Dile que entiendes que le resulte extraño, pero que ya tendrá sentido cuando se haga mayor.

Emplea otros recursos Si te cuesta encontrar las palabras, recurre a libros escritos por expertos sobre educación sexual de los niños para orientar las conversaciones y discusiones con tu hijo.

«¿Por qué tengo que practicar?»

Para ti, posiblemente las lecciones de música sean uno de los mejores regalos que puedes ofrecerle a tu hija. Los estudios sugieren que tocar un instrumento mejora la coordinación y el desarrollo social y emocional. El reto es hacerlo compatible con la vida familiar.

SITUACIÓN | **Tu hija dice que odia practicar piano y se queja de tener que ir a clase de música.**

ELLA DICE

«¿Por qué tengo que practicar?».

PUEDES PENSAR

«El mundo es muy competitivo. Tendrá que empezar pronto si quiere ser alguien y salir adelante».

Después de la larga jornada escolar, la práctica de un instrumento puede parecer un esfuerzo excesivo para un niño, que solo quiere descansar después del colegio y los deberes. Los padres, por su parte, consideran que la disciplina de aprender un instrumento es un buen aprendizaje. Los diferentes enfoques pueden provocar conflictos.

Quizá pienses que, si tu hija empieza pronto y practica mucho, puede llegar a ser un prodigio en el mundo de la música. Aunque es bueno ofrecerle estas oportunidades, debes ser realista. Si la motivación viene solo de tu parte, desembocará en una lucha de poderes.

VER TEMAS RELACIONADOS
¡No es justo!: pp. 160-161
Me aburren los deberes: pp. 178-179

«*Nunca tengo tiempo de sentarme tranquila en casa y hacer lo que quiero*».

Los niños tienen muchísima energía, pero también necesitan relajarse y jugar. Tu hija quizá se queje porque ve que el deseo de tocar el piano viene más de ti que de ella. Si la música no le llama la atención, quizá disfrute más con otra actividad más acorde con su temperamento.

CÓMO REACCIONAR

En ese momento...

①

Motívala Aunque sus primeros intentos no siempre sean agradables de escuchar, sé siempre un público entusiasta.

②

Elogia su perseverancia Escuchad juntos grabaciones de la pieza que está practicando, por sencilla que sea, y así se sentirá motivada y sabrá cómo debe sonar. Dile que, si practica a diario, estará más cerca de tocar así de bien.

A largo plazo...

Establece sesiones de práctica breves
Pon el instrumento en un lugar común de la casa para que no se sienta sola practicando en su cuarto. Es mejor que toque 10 minutos todos los días que media hora de vez en cuando.

Participa Considera ese rato de práctica como un momento de diversión con tu hija. Cread juegos relacionados con la música, como premios sorpresa o pegatinas por cada pieza que toque.

Sé flexible Puede que tu hija empiece con el piano y luego quiera pasarse a la guitarra para poder tocar con sus amigos canciones que le gustan más. Aún está desarrollando su coordinación y su gusto musical.

«¿Qué es un extraño?»

Mientras tu hijo ha sido pequeño siempre ha estado contigo
o con un adulto de confianza. Ahora que es más independiente,
te preocupa su seguridad. Si le proporcionas las habilidades necesarias,
contribuirás a que esté a salvo.

SITUACIÓN | Durante una excursión, tu hijo pregunta si puede comprarse un helado. Le dices que no se vaya con ningún extraño.

ÉL DICE

«¿Qué es un extraño?».

PUEDES PENSAR

«No quiero que se preocupe, pero ¿y si pasara algo?».

Como tu hijo siempre ha estado rodeado de personas que le cuidan, es probable que crea que con todos los adultos está a salvo. Le resultará chocante oírte decir que algunos adultos pueden no pensar en su interés.

Como padre, el mero hecho de pensar que alguien pueda llevarse a tu hijo te provocará ansiedad. Puede que te ponga nervioso la idea de que te pregunte qué pasa cuando un adulto secuestra a un niño y cómo explicárselo sin destruir su inocencia.

CONFORME TU HIJO VA SIENDO MÁS INDEPENDIENTE, DEBES BUSCAR UN TÉRMINO MEDIO ENTRE PROTEGERLE Y PERMITIRLE EXPLORAR EL MUNDO.

¿QUÉ PIENSA ÉL?

«¿Por qué querría hacerme daño un extraño? ¿Cómo sé quiénes son?».

Tu hijo tiene todavía una conciencia abstracta del mal, como monstruos imaginarios que encarnan su temor a lo desconocido, y darle forma humana al «mal» puede resultar inquietante. Como los niños no racionalizan igual que los adultos, es importante tener en cuenta su ansiedad.

◆ VER TEMAS RELACIONADOS ◆

¿De dónde vienen los niños?: pp. 202-203
Quiero un móvil: pp. 214-215

CÓMO REACCIONAR

En ese momento...

Explícaselo con sencillez En vez de hablarle de los «malos» y de lo que son capaces, explícale que, aunque la mayoría de las personas que conoce son buenas, hay algunas que no lo son y que no cuidan de los niños.

②

No le digas que no hable con extraños
Los niños deben saber que está bien hablar con otras personas en las tiendas o en el transporte público, o para pedir ayuda. Sugiérele, en cambio, que esté atento a cualquier comportamiento que le haga sentirse incómodo, como un niño mayor, un adolescente o un adulto que le pida ayuda a él en vez de a un adulto. Enséñale a estar atento a estas sensaciones de alerta y a que las escuche sin que le importe parecer maleducado.

A largo plazo...

Entrénale Cuando estés en la calle con tu hijo, juega con él a «¿Y si?» y pregúntale qué haría en distintas situaciones; por ejemplo: «¿Y si te perdieras en un centro comercial?».

Dile que te pregunte A esta edad los niños se preguntarán qué aspecto tiene un extraño y quizá no entiendan que a veces pueden parecer amistosos y simpáticos. Pídele que os consulte siempre antes a ti o a la persona que cuida de él si alguien desconocido le pide que haga algo.

Mantén la perspectiva No dejes que tu ansiedad impida que tu hijo explore el mundo. Es poco frecuente que un extraño secuestre a un niño. Dale la misma importancia a enseñarle otras habilidades, como aprender a nadar, cruzar la calle o usar internet con seguridad.

«Mi diario: ¡no tocar!»

A medida que tu hija va entendiendo mejor sus pensamientos y sentimientos, quizá empiece a escribir un diario en el que pueda expresar cosas que quiera mantener en secreto. Aunque pueda ser tentador leerlo, es mejor respetar su privacidad.

SITUACIÓN | **Estás limpiando la habitación de tu hija y ves un cuaderno titulado «Mi diario: ¡no tocar!».**

ELLA DICE

«Mi diario: ¡no tocar!».

PUEDES PENSAR

«¿Por qué no me lo cuenta todo? ¿No confía en mí?».

A esta edad, tu hija está experimentando muchos sentimientos contradictorios. Cuando los refleja sobre el papel, los exterioriza, los organiza y los procesa, y así se siente mejor. Los niños de esta edad tienen un pensamiento mágico y tu hija cree que escribir «¡No tocar!» bastará para evitar que lo leas.

Tu hija está aprendiendo que puede decidir qué cosas quiere compartir. Quizá te preocupe pensar que tiene algo que ocultar o que ya no confía en ti, pero su diario es parte de un proceso de separación necesario en su camino hacia la edad adulta.

TU HIJA ESTÁ EMPEZANDO A APRENDER QUE HAY LÍMITES ENTRE LO QUE PIENSA Y LO QUE OS DICE A TI Y A LOS DEMÁS.

¿QUÉ PIENSA ELLA?

«No quiero decírselo todo a mamá y a papá. Me gusta tener pensamientos que los demás no conocen».

Un diario es el mejor lugar para que tu hija exprese sus sentimientos, también los más inquietantes, como el odio o la envidia, que los adultos desaprueban. A esta edad, también han mejorado su escritura y su memoria, así que le parecerá emocionante ser capaz de crear un espacio privado donde expresar libremente lo que le gusta, sin la censura de los adultos.

VER TEMAS RELACIONADOS

¡Te odio!: pp. 162-163
Me estás dejando en ridículo: pp. 182-183

CÓMO REACCIONAR

En ese momento...

1

No lo leas Si tu hija descubre que has leído su diario, corres el riesgo de que deje de confiar en ti. En cualquier caso, lo más probable es que sea un relato básico de lo sucedido en el día.

2

Acéptalo con agrado No veas el diario de tu hija como una forma de excluirte. Alégrate de que sea capaz de reflejar sus sentimientos por escrito. Los estudios demuestran que llevar un diario reduce el estrés y mejora la salud.

A largo plazo...

Háblale de los secretos buenos y malos Explícale que un secreto malo le hará sentirse triste, preocupada o asustada, mientras que un secreto bueno, como una fiesta sorpresa o un regalo, hará que se sienta emocionada. Insiste en que, si tiene un secreto malo, debe hablar con un adulto.

Mantened la comunicación Si sientes que ya no estás al corriente de la vida de tu hija, recupera la comunicación con ella en vez de leer su diario. Busca entornos neutros para charlar, como en el coche o en el camino de ida y vuelta al colegio. Déjale claro que siempre estarás ahí cuando quiera hablar.

Valora todas las emociones No censures emociones como el odio o la envidia por el mero hecho de que te incomoden. Si lo haces, tu hija sentirá que no puede expresarse libremente contigo. Explícale que lo importante es cómo gestione estos sentimientos.

«¿Por qué tienes que ir a trabajar?»

Tu hijo está programado biológicamente para estar cerca de ti. Por eso, cuando tu trabajo te aleja de él o invade el tiempo que pasáis juntos, puede sentirse despechado. Quizá no te sea posible decidir cuánto trabajar, pero puedes limitar su impacto en tu vida familiar.

SITUACIÓN | Tienes que tomar un tren muy temprano para ir al trabajo y no puedes llevar a tu hijo al colegio.

ÉL DICE

«¿Por qué tienes que ir a trabajar?».

PUEDES PENSAR

«¿Son erróneas mis prioridades?»

Esta pregunta indica que tu hijo empieza a comprender que tu trabajo es una amenaza para el tiempo que pasáis juntos. Tampoco le gustará si nota que te hace estar estresada o distraída, o que te obliga a faltar a actividades importantes, como las reuniones del colegio.

Escuchar esto te generará una mezcla de emociones. Te preocupará pensar que tu ausencia está perjudicando a tu hijo, o que te estás perdiendo su infancia. Dicho esto, también sentirás que debes trabajar por tu autoestima y para asegurar tu futuro.

BUSCA FORMAS DE DELIMITAR EL TIEMPO EN FAMILIA PARA QUE TU HIJO SEPA QUE ÉL ES TU PRIORIDAD.

¿QUÉ PIENSA ÉL?

«¿Mamá quiere más al trabajo que a mí?».

Tu hijo cree que los adultos pueden decidirlo todo y, por eso, creerá que el trabajo es algo que puedes elegir hacer sin él. A esta edad, los niños aún están asumiendo cuánto tienes que trabajar para ganar el dinero que necesitas. Por ello, tu hijo puede considerar tu trabajo como un rechazo.

CÓMO REACCIONAR

En ese momento...

Sé comprensiva Aunque la pregunta de tu hijo te haga sentir culpable, recuerda que no lo dice para que te sientas mal. Los niños tienden a creer que todo gira a su alrededor, y por eso es normal que quiera estar seguro de que le quieres por encima de todo.

(2)

Expresa tus sentimientos Explícale que el trabajo no es más importante, pero que tienes que hacer cosas útiles y hacer nuevos amigos, igual que él en el colegio. Dile que el trabajo te permite ganar dinero y mantenerle. Dile que siempre estás pensando en él cuando no estáis juntos.

Procura que tu hijo comprenda lo que haces Háblale de los diferentes trabajos y relaciónalos con su experiencia. Por ejemplo, coméntale cómo los profesores y el personal del comedor le ayudan durante el día.

A largo plazo...

Revisa tus prioridades Aprovecha esta oportunidad para pensar en el impacto de tu trabajo en la vida familiar. Si sientes que está afectando a la relación con tu hijo, delimita el tiempo que pasáis juntos, por ejemplo no respondiendo los correos electrónicos del trabajo hasta que tu hijo se haya acostado.

Sé una madre consciente Cuando llegues a casa, visualízate dejando atrás la jornada laboral y asumiendo tu papel de madre. Pasa más tiempo con él a solas y saca el máximo partido de los fines de semana y las vacaciones para que tu hijo vea cuánto te gusta estar con él.

VER TEMAS RELACIONADOS

Tengo que decirte una cosa: pp. 158-159
No quiero ir al colegio: pp. 172-173

«Nunca me dejas hacer nada»

A esta edad, es posible que tu hija quiera empezar a probar cosas nuevas para sentirse mayor y parte de su grupo de iguales. Esta independencia recién adquirida te planteará sentimientos diferentes –probablemente conflictivos– como padre.

SITUACIÓN | **Tu hija te dice que su nueva amiga la ha invitado a una fiesta de pijamas en casa de su padre, pero tú le dices que no.**

ELLA DICE

«Nunca me dejas hacer nada».

PUEDES PENSAR

«Aún es demasiado pequeña. Solo quiero protegerla».

Tu hija empieza a ser consciente de su lugar en el mundo. Quiere pasar más tiempo con sus amigos y tener más libertad. Una fiesta de pijamas es una emocionante novedad que está ansiosa por compartir con su nueva amiga para sentirse mayor.

Como padre, estás acostumbrado a controlar por completo el entorno de tu hija, siempre pensando en su seguridad. Y te resulta extraño y preocupante dejar que otro adulto, al que no conoces, esté al mando. Quizá te sientas aliviado diciéndole que no.

« »

SI TRATAMOS DE FRENAR LA INDEPENDENCIA DE LOS NIÑOS, NUNCA APRENDERÁN A SORTEAR LOS RIESGOS.

¿QUÉ PIENSA ELLA?

«Todas mis amigas van a fiestas de pijamas. No soy un bebé».

Tu hija quizá piense que otros padres son más tolerantes o te lo dirá para que dudes de ti mismo. Aunque esté nerviosa por dormir fuera de casa, no quiere parecer infantil delante de sus amigos. Dicho esto, aunque se enfade, los niños se sienten seguros cuando sus padres establecen pautas justas y sensatas.

CÓMO REACCIONAR

En ese momento...

Revisa el porqué de tu negativa Es posible que, como padre, te resulte muy complicado dejar más independencia a tu hija. Fundamenta tus decisiones en lo que sabes, no en lo que temes. Si crees que tu negativa es casi una respuesta refleja a las peticiones de tu hija, deberías reconsiderar si ha llegado el momento de darle más libertad.

Establece límites Deja claro que, aunque te agrada que tu hija se sienta lo bastante segura para dormir fuera de casa y quieres que se divierta, los padres debéis poneros de acuerdo previamente.

③

Explica tu decisión Adopta el papel de un padre digno de confianza que tiene en cuenta las peticiones de su hija. Puedes decir «no», pero explicarle el porqué será bueno para su desarrollo emocional y social.

A largo plazo...

Conoce a los demás padres El proverbio africano «Para educar a un niño hace falta una tribu entera» es muy acertado. A la hora de dejar salir a tu hija, te sentirás más cómodo si haces un esfuerzo serio por conocer a las familias de los demás niños de su clase.

Cuidado con ser un padre helicóptero
Resiste la tentación de sobrevolar la vida de tu hija más de lo necesario. Si estás demasiado ansioso, tu hija asume que no es capaz y que hay muchas cosas de las que preocuparse.

VER TEMAS RELACIONADOS
¡No es justo!: pp. 160-161
¡Ojalá tuviera otra familia!: pp. 170-171

«Quiero un móvil»

Aunque la mayoría de los padres esperan a que sus hijos tengan más de 10 años para comprarles un móvil, eso no impedirá que tu hijo te pida uno si piensa que así impresionará a sus amigos o que estará constantemente entretenido.

SITUACIÓN | **Tu hijo te dice que realmente necesita un móvil por su cumpleaños.**

ÉL DICE

«Quiero un móvil».

PUEDES PENSAR

«Quizá debería comprarle un móvil. Así estará más seguro».

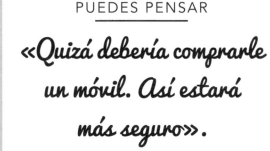

Para un niño, un móvil es como el mejor juguete. Lo quiere para jugar, hacer fotos y enviar mensajes, igual que tú. Aún no ha madurado lo suficiente como para comprender que los móviles pueden resultar absorbentes e interferir en su interacción con el mundo real, el juego y la actividad física que necesita para un desarrollo sano.

Quizá tengas la tentación de darle a tu hijo un móvil para poder comunicarte con él fácilmente en cualquier momento, sobre todo si tu pareja y tú vivís separados. Puede que también te sientas un buen padre porque puedes comprarle aparatos caros o pienses que así impresionará a sus amigos.

DEJA QUE TU HIJO DISFRUTE DE LA DIVERSIÓN Y LA INOCENCIA DE LA INFANCIA ANTES DE DARLE UN MÓVIL QUE LE DISTRAIGA DE LAS EXPERIENCIAS DEL MUNDO REAL.

¿QUÉ PIENSA ÉL?

«Mis amigos creerán que soy genial si tengo mi propio móvil. Me sentiría como una persona mayor».

Tu hijo vive en un mundo en el que todo el mundo está pendiente del móvil, y es natural que también él quiera uno. La fama entre sus amigos también tiene para él una importancia creciente, y la presión por estar a la última es cada vez mayor, por lo que cree que tener un móvil le da categoría.

VER TEMAS RELACIONADOS

Todos mis amigos tienen una: pp. 184-185

CÓMO REACCIONAR

En ese momento...

Di no Explícale que tiene que esperar a ser mayor y por qué. Dile que los móviles no son juguetes. Son pequeños ordenadores muy potentes que dan acceso al vasto mundo de los adultos, en el que aún es muy pequeño para aventurarse.

(2)

Explícale que cuestan dinero Algunos niños dan por sentado que los móviles son gratis. También tienden a creer que son algo a lo que tienen derecho, en lugar de algo para lo que deben demostrar que están preparados. Dile a tu hijo que los móviles son caros y que son un privilegio al que podrá acceder cuando sea mayor.

Pregúntale por qué lo quiere Descubre qué cree que le va a aportar un móvil. ¿Está tratando de lograr credibilidad social? Si es así, puede que se esté esforzando por encajar en el grupo. Ayúdale a buscar otros modos de entablar amistad, animándole a que quede a jugar y ayudándole a practicar habilidades sociales, como compartir o jugar por turnos.

A largo plazo...

Añade interés al mundo real Dialoga con tu hijo y hazle ver las maravillas del mundo real. Prioriza el tiempo de diversión en familia a lo largo de su infancia, de modo que los dispositivos electrónicos no le parezcan más interesantes.

Sé un ejemplo de uso equilibrado del móvil
Si estás pegado al teléfono y te comportas como si fuera el centro de tu universo, tu hijo puede hacerse una idea desproporcionada de su importancia y creer que tampoco puede vivir sin él.

«No soy guapa»

Los niños de hoy en día están más expuestos que nunca a imágenes de perfección física. Sin la supervisión de un adulto, los niños pueden sentirse fracasados si se les permite creer que no alcanzan los ideales de la sociedad. Con todo, existen muchos modos de contrarrestar estos mensajes.

SITUACIÓN | Tu hija está llorando porque dice que no es tan guapa como las chicas que ve en la televisión.

ELLA DICE

«No soy guapa».

Cuando los niños se hacen mayores, los adultos tienden a comentar el aspecto de las niñas más que el de los niños, a los que se suele halagar por su seguridad en sí mismos y su fuerza. Eso supone que las niñas crecen pensando que su apariencia es lo más importante. Si tu hija te ha oído criticar tu propio aspecto, puede haber interiorizado esta voz negativa y habérsela aplicado a sí misma.

LOS PADRES SON CLAVE PARA QUE SUS HIJOS SE VALOREN A SÍ MISMOS POR SUS VIRTUDES Y NO POR SU ASPECTO.

VER TEMAS RELACIONADOS
No soy tan listo como ellos: pp. 194-195

PUEDES PENSAR

«Es guapa. ¿Cómo puede pensar algo así de sí misma siendo tan pequeña?».

A menudo los padres se sienten desconcertados cuando escuchan a sus hijos expresar tales sentimientos. Quizá te asusten las historias que se oyen en los medios de comunicación acerca de la imagen corporal y hasta dónde se ven afectados los niños. Y te preocupará pensar que, si dices algo incorrecto, pueda derivar en una autocrítica excesiva.

¿QUÉ ESTÁ PENSANDO?

«¿Por qué no soy como las modelos y las cantantes que veo en la televisión o en internet?».

Antes los niños solían tener una visión más realista del aspecto de la gente con solo ver a las personas que tenían a su alrededor. En un mundo donde la cultura de los famosos lo impregna todo, carece de la perspectiva para saber lo manipuladas que están estas imágenes.

CÓMO REACCIONAR

En ese momento...

①

Pregúntale por qué Dale un abrazo y averigua por qué cree que no es guapa y con quién se está comparando. Pídele que te diga tres cosas que le gustan de su cuerpo y haz tú lo mismo.

②

Valora otras cualidades Describe su singularidad y háblale de las cosas sorprendentes que puede hacer su cuerpo, no de su aspecto. Ten cuidado de no hacer comentarios acerca de tu cuerpo o tu talla, o los de otras personas, delante de tu hija.

A largo plazo...

Explícale lo que es un cuerpo sano Dile que el cuerpo de un niño no tiene por qué parecerse al de un adulto: las formas son diferentes y los rasgos maduran con el tiempo.

Sé indulgente contigo misma No critiques tu aspecto ni hables de dietas, ni te peses delante de tu hija. Haz que tu hija oiga cómo te alabas a ti misma o a los demás por otras cualidades, como la honradez, la bondad o el sentido del humor.

Ayúdala a filtrar los mensajes Los niños carecen aún de la experiencia vital necesaria para comprender que las imágenes de los famosos no son reales. Ojead juntas las fotos de las revistas para que tu hija vea que las fotos de las modelos están retocadas.

Índice

LA AUTORA

Tanith Carey es una periodista y escritora británica galardonada que escribe acerca de los retos más apremiantes a los que se enfrentan los padres en la actualidad. Sus ocho libros anteriores se han traducido a 15 idiomas, entre ellos el alemán, el francés, el árabe, el chino, el coreano y el turco. Trabajó en Estados Unidos como editora y escritora antes de regresar al Reino Unido, gracias a lo cual tiene un gran conocimiento de ambos lados del Atlántico y su escritos han aparecido en muy distintas publicaciones, entre ellas el *Daily Telegraph*, *The Times*, *The Guardian* y *New York Daily News*. Tanith también participa en programas de radio y televisión, como *NBC Today*, en Estados Unidos; *Woman's Hour* y *You and Yours*, de Radio 4; *This Morning*, de ITV; y los programas *Lorraine* y *Good Morning Britain*. Tanith tiene dos hijas de 16 y 13 años.

LA ASESORA

La **doctora Angharad Rudkin** es psicóloga clínica y miembro de la British Psychological Society. Ha trabajado con niños, adolescentes y familias durante más de 15 años. Angharad tiene una consulta privada de terapia y enseña Psicología Clínica Infantil en la Universidad de Southampton. Publica habitualmente artículos sobre el bienestar del niño y la familia en periódicos y revistas nacionales, y es experta en relaciones para el diario londinense *Metro*. Angharad aparece regularmente en televisión y radio como experta en cuestiones de infancia y familia.

AGRADECIMIENTOS

De la autora Gracias a mis hijas Lily y Clio que han hecho esto posible. Este es el libro que yo buscaba cuando erais pequeñas y espero que os resulte esclarecedor si algún día tenéis hijos. He aprendido de las dos. Mi amor también para mi marido, cuyo apoyo me ha permitido tener tiempo para escribir este libro. Una mención especial merecen mi estupenda agente Caroline Montgomery y, por supuesto, mi sosegada, sensata y siempre razonable asesora, la doctora Angharad Rudkin, cuya prioridad ha sido siempre comprender mejor a los niños. Por último, no siempre es fácil editar un libro sobre educación realmente original, pero también accesible y de fácil manejo como este, y el equipo de DK Londres que está detrás de este proyecto ha sido fantástico. ¡Menudo equipo!

De la asesora Gracias a Gwenda y Arthur por rodear mi infancia de tanto amor y comprensión, y gracias a David, Nora, Bridget y Arthur, que me han enseñado más que cualquier libro.

Del editor Nos gustaría dar las gracias a las siguientes personas por la producción de este libro: Kathy Steer por la corrección de pruebas y Vanessa Bell por el índice.